アイデア大全

創造力とブレイクスルーを生み出す42のツール

読書猿 =著
DOKUSYOZARU

THE IDEA TOOL DICTIONARY

フォレスト出版

まえがき──発想法は人間の知的営為の原点

本書は実用書であると同時に人文書である

　本書は、〈新しい考え〉を生み出す方法を集めた道具箱であり、発想法と呼ばれるテクニックが人の知的営為の中でどんな位置を占めるかを示した案内書である。

　このために、本書は実用書であると同時に人文書であることを目指している。

　実用書は、まずもって読者のニーズに応えようとする書物であり、誰もが今すぐ実行できるノウハウ／提案でできている。

　しかしアイデアを生み出す方法についての書物は、それだけでは足りないはずである。

　なぜなら、誰でも今すぐ実行できることは、目の前のニーズに応えはするものの、読者や読者のニーズを包む状況を変えるには足りない。悪く言えば、状況追認のレベルに留まってしまう。

　我々がアイデアを、新しい考えを必要とするのは、これまで通りではうまくいかない状況に直面しているからだ。したがって、これまでのやり方で考えていては、行き詰まりを脱することができない。

　一方、人文書は人文学に属する種類の本であり、たとえば哲学・思想、宗教、心理、教育、社会、歴史のようなジャンルに属する書物の総称であると、一般には考えられている。

　もう少し本質に遡(さかのぼ)って考えるならば、人文書とは、現にどうあるか

／どうやればいいかに留まらず、本来はどうあるべきかまで描き出そうとする書物である。現状追認に抵抗する書物、世界の有り様についてオルタナティブを提示しようとする書物である。

　たとえば哲学は当たり前を疑い、我々が知ることや考えることの前提を問い直す。歴史学は人々が忘れた過去を掘り起こし、かつての人々や社会の有り様を現在と突き合わせ、我々が歴史のどこにいてどちらへ進んでいるかを省みさせる。

　これまでにない新しい考え（アイデア）を必要としている人は、できるのはわずかであったとしても現状を、大げさに言えば世界を変える必要に迫られている。そのために世界に対する自身のアプローチを変える必要にも直面している。

　この場合、必要なのは、ただ〈どのようにすべきか〉についての手順だけでなく、そのやり方が〈どこに位置づけられ、何に向かっているのか〉を教える案内図であろう。

　それゆえに本書は、発想法（アイデアを生む方法）のノウハウだけでなく、その底にある心理プロセスや、方法が生まれてきた歴史あるいは思想的背景にまで踏み込んでいる。

新しいアイデアは縦横の繋がりから生まれる

　本書は、さまざまな発想法を集め、まとめるだけでなく、その根をたどり、横のつながりを結び直すことにも努めた。

　というのも、昨今のアイデアに関する書籍を眺めるに、紹介されている発想法が孤立した営みとして扱われ、他の知的営為とのつながりを取り上げることが稀であるように思えたからだ。

新しいものを生み出すことを志向するためか、古いものとの交渉は軽視されている。そのためにそれぞれの技法はその根を無視され、横のつながりさえ失っている。
　しかし人の営みがすべてそうであるように、知とそれを生み出す営みは孤立しては成り立たない。
　もともと新しい考えを生み出す方式は、知の営みの端緒にして枢要な技術とされてきた。
　たとえばルネサンスのユマニスト[＊1]たちは、古典古代の弁論術の中で、第一部門である「インヴェンチオ」を最も重視した。〈創意〉〈思いつき〉を意味するこの語は、言うまでもなく発明（invention）の語源となった言葉である。
　またヴィーコ[＊2]は、判断や推理に先立って、その対象を見いだすことが必要であると主張し、それを担う力を人間知性の第一作用と考え、「インゲニウム」と呼んだ。ヴィーコによれば、これは「適当な媒介（medium）を見つけだすことによって相互に離れたところにある異なった諸事物を一つに結合する能力」だという。これは発想法についての、最初の近代的な記述の一つである。
　同様の主張は、マニエリスム[＊3]の〈奇想〉に、シュレーゲル[＊4]の〈機知〉に、シュルレアリスムの綱領に（デペイズマン、181ページ）、カイヨワの〈対角線の科学〉に（269ページ）、そしてジェームズ・ヤングの『アイデアの作り方』に見つけることができる。

人類のあらゆる知から集めた技法

　発想法について、より深く掘り下げ、より広い範囲を掘り返すことを

[＊1] ユマニストという呼称は、彼らが自分たちの知的営為をフマニタス研究（studia humanitatis）と呼んだことに端を発する。この言葉は、14世紀後半以降、ギリシャ・ローマの古典に関心を持つイタリア人が盛んに用い始めたもので、人間と言葉を中心とした諸学（文法、レトリック、歴史学、詩学、道徳哲学）の研究を意味した。ここから、ギリシャ・ローマの古典に通暁した彼らをフマニスタ、ウマニスタと呼ぶようになり、これが後に人文主義者（ヒューマニスト）という呼称につながっていく。彼らは、大学の古典学教師や教育関係者であることもあったが、実務に携わる外交官や官吏や秘書官も数多くあり、言葉と人間についての深い理解を武器とする「実務に強い教養人」という性格を有していた。

通じて、本書は、類書が扱う範囲を超えて、広範な分野から技法を集めたものになった。

発想法や創造性開発の分野だけでなく、科学技術、芸術、文学、哲学、心理療法、宗教、呪術など多くの分野を渉猟し、新しい考えを生み出す方法を採集した。

これは、本書が発想法の人文書であろうとするためにも、避けられないことだった。

先に人文書について考えたように、より深く人文学の本質を求めるなら、次のようになるはずである。すなわち人文学の任務とは、人が忘れたものや忘れたいものを、覚えておき/思い出し、必要なら掘り起こして、今あるものとは別の可能性を示すことである。

これが人文知の始原となった文芸復興（ルネサンス）でユマニストたちが行ったことであり、今も、最も広い意味で人文学と呼ばれる知的営為が取り組むべき任務である。

この人文学を支えるのは、人間についての次のような強い確信である。すなわち、人の営みや信じるもの、社会の成り立ちがどれだけ変わろうとも、人が人である限り何か変わらぬものがある、という確信の上に人文学は成立する。

この確信があるからこそ、たとえば何百年も昔の人が書き残した古典にも真剣に向かい合うことができ、何かしら価値あるものを受け取るかもしれないと期待することができる。

人文学のこの確信はまた、歴史縦断的にだけでなく、分野横断的な方向へも我々を導く。時間的に遠く隔たる人たちの仕事になお読むべきものがあるならば、分野的に遠く異なった試みにも我々が求めるものが見

[＊2] ヴィーコはイタリアの哲学者。当時隆盛した数理的なデカルトの思想に対抗し、不確実な人生の現実に実効性のあるものとしてレトリックの復権を企てた。
[＊3] マニエリスムとは盛期ルネサンスと初期バロックの間のヨーロッパの芸術様式を指す概念。バロック期以降、人為的な芸術として否定されたが、19世紀後半以降になると印象主義、表現主義、シュルレアリスム等が展開する中、その先駆として再評価された。
[＊4] シュレーゲルはドイツ・ロマン派の創始者として知られる文芸批評家、文学史家。「互いに異なっていて、ばらばらにされている対象の間に類似性を求める能力」としての機知を、学問に豊かさと充実を与えるものとして高く評価した。

つかるかもしれない。

　本書では同じ確信に基づき、時代も地域も分野も文化も異なる人たちが試みてきた方法の中に、類似のアプローチを見いだした。

　たとえば「いつ・どこで・誰が・何を・どのように」と自問する方法は、名前も付けられないまま多くの人に日々実践されているが、英語圏では初のノーベル文学賞を受賞した作家の名をとってキプリング・メソッド（→109ページ）と呼ばれる。

　その歴史はずっと古く、弁論術（レトリーケー）の伝統の中で育まれたトポス［＊5］の中でも最も息の長いものであり、もともとは「どんなテーマでも論じられる」と主唱したソフィストたちに由来する技である。

　また、水平思考で有名なデボノが開発したある技法（→シソーラス・パラフレーズ、279ページ）は、神殿を破壊され領地を奪われ、神の呼び名さえ失ったユダヤの民が〈ユダヤ人〉であり続けるために編み出した経典解釈の実践（→タルムードの弁証法、285ページ）と共通点がある。

　マイケル・マハルコがHall of Fame（栄誉殿堂）と呼ぶ仮想的に知のドリームチームをでっち上げる手法は（→ヴァーチャル賢人会議、156ページ）、コーデックス（綴じた書物）が登場して以来続けられてきた開典占い（stichomancy, bibliomancy）の焼き直しである。

　懸念や不安に留まらず書き続けよ、というゴールドバーグの方法は（→ノンストップ・ライティング、42ページ）、シュルレアリストたちの自動書記法と呼応するだけでなく、人類学者レヴィ＝ストロースの執筆手法でもある。

［＊5］「場所」を意味するギリシア語τόποςに由来。議論の材料を入れて整理する〈格子〉の役割を果たすことからこう呼ばれる。

まえがき

実践してこそ価値がある

　本書は、理解の書であると同時に実践の書でもある。これは、本書のテーマである発想法の本質に由来する。この技術の理解は、本質上、実際に使ってみることを通じて得られるからだ。

　発想法とは、新しい考え（アイデア）を生み出す方法であるが、アイデアを評価するにはあらかじめ用意しておいた正解と比較する方法がとれない。というのも正解をあらかじめ用意しておけるのであれば、新しいとはいえず、アイデアでなくなってしまうからだ。

　このことは、文章理解や問題解決に比べて、発想法の実験的研究が遅れをとった原因でもある。

　アイデアとそれを生み出す技術の評価は、結局のところ、実際にアイデアを生み出し実践に投じてみて、うまくいくかどうかではかるしかない。

　そのため本書では、古今東西の思考実践を集めるだけでなく、具体的な手順を思考のレシピとして指示し、具体例（サンプル）とともに明示した。

　こうすることで、多くの思考実践をツールとして、自分で試してみることができるようにした。

　古代の弁論家、ルネサンスのユマニストらが論じたように、発想法は我々の知的営為の最初に来るもの、それゆえに最も肝要なものである。

　正しく論を組み立てることも、構想を広げ、また現実化することも、まず〈考え〉を始めることなくしては、成り立たない。

　まだ誰も見たことのない何かに向けて考え始めよう。ここに集めた技法は、そのための道具（ツール）である。

CONTENTS
アイデア大全

まえがき 発想法は人間の知的営為の原点 002

第Ⅰ部 0から1へ 015

第1章 自分に尋ねる ……………………………………… 016

01 バグリスト 016
Bug Listing
不愉快は汲めども尽きぬ発想の泉

02 フォーカシング 022
Focusing
言葉にならないものを言語化する汎用技術

03 TAEのマイセンテンスシート 030
Thinking at the Edge My Sentence Sheet
何を書くかを身体に尋ねる

04 エジソン・ノート 036
Edison's Notes
発明王はここまでやる、1300の発明をもたらした3500冊

05 ノンストップ・ライティング 042
Nonstop Writing
反省的思考を置き去りにする

第2章 偶然を読む ... 048

06 ランダム刺激 048
RANDOM STIMULI
偶然をテコに、枠を越える最古の創造性技法

07 エクスカーション 058
EXCURSION
手軽に大量のアイデアが得られる発想の速射砲

08 セレンディピティ・カード 064
SERENDIPITY CARDS
幸運な偶然を収穫する

09 フィンケの曖昧な部品 071
FINKE'S AMBIGUOUS PARTS
創造性の実験から生まれたビジュアル発想法

第3章 問題を察知する ... 077

10 ケプナー・トリゴーの状況把握 077
SITUATION APPRAISAL
直感を思考のリソースにする、懸念の棚卸し法

11 空間と時間のグリッド 083
SPACE/TIME GRID
異なるスケールを探索し、問題とその兆しを察知する

12 事例ーコード・マトリクス 089
CASES/CODES MATRIX
質的データを深掘りし仮説を見いだす

CONTENTS

第4章 問題を分析する 096

13 P.K. ディックの質問 096
P.K. Dick's Question
常識と日常を叩き割る最凶の問い掛け

14 なぜなぜ分析 102
Ohno Method
トヨタ生産方式を産んだ「カイゼン」由来の思考ツール

15 キプリング・メソッド 109
Kipling Method
5W1Hという万能思考

16 コンセプト・ファン 116
Concept Fan
水平思考の開発者による、思考の固着を剥がすスクレイパー

17 ケプナー・トリゴーの問題分析 121
Problem Analysis
Why（なぜ）を What/When（いつ何が）に変換する

第5章 仮定を疑う 126

18 仮定破壊 126
Assumption Busting
発想の前提からやりなおす

19 問題逆転 135
Problem Reversal
発想の狭さを自覚させる簡易ゲージ

第Ⅱ部　1から複数へ　141

第6章　視点を変える ───── 142

20　ルビッチならどうする？　142
HOW WOULD LUBITSCH HAVE DONE IT ?
偉大な先人の思考と人生を我がものにするマジックフレーズ

21　ディズニーの3つの部屋　148
DISNEY'S BRAINSTROMING
夢想家ミッキー・実務家ドレイク・批評家ドナルドダックで夢想を成功に結びつける

22　ヴァーチャル賢人会議　156
HALL OF FAME
発想法の源流にまで遡る、方法としての私淑

23　オズボーン・チェックリスト　163
OSBORN'S CHECHLIST
ひらめきを増殖させるアイデア変形の十徳ナイフ

第7章　組み合わせる ───── 174

24　関係アルゴリズム　174
CROVITZ'S RELATIONAL ALGORITHM
認知構造の深い部分で働くメタファーの力を、活発にし利用する

25　デペイズマン　181
DÉPAYSEMENT
シュルレアリストが駆使した奇想創出法

CONTENTS

26 さくらんぼ分割法　192
CHERRY SPLIT
軽便にして増減自在の、新世代型組み合わせ術（アルス・コンビナトリア）

27 属性列挙法　199
ATTRIBUTE LISTING
潜在的な記憶宝庫を賦活化し使い倒す

28 形態分析法　205
MORPHOLOGICAL ANALYSIS
鬼才天文学者が開発した総当たり的発想法

第8章 矛盾から考える　211

29 モールスのライバル学習　211
MORSE LEARNS THE ENEMY
あえて避けているところはないか？　そこに探しているものはないか？

30 弁証法的発想法　217
DIALECTICAL THINKING
矛盾や対立こそ創造的発見のヒント

31 対立解消図（蒸発する雲）　224
EVAPORATING CLOUD
組織／社会の問題から個人の悩みまで、対立／ジレンマを解体するスキナーナイフ

第9章 アナロジーで考える　232

32 バイオニクス法　232
BIONICS
何十億年の自然淘汰が磨いた生物の持つ優れた「知恵」を我がものにする

33 ゴードンの4つの類比（アナロジー） 238
GORDON'S ANALOGIES
問題解決過程の録音と分析から抽出されたシネクティクスの中核技法

34 等価変換法 248
EQUIVALENT TRANSFORMING THINKING
アナロジー発想法の最終到達

35 NM法T型 253
NM METHOD T TYPE
4つの質問で自分の中のリソースを違うやり方で読み出す、アジャイルなアナロジー発想法

36 源内の呪術的コピーライティング 263
GENNAI'S BRANDING
世に呪術（まじない）の種は尽きまじ

37 カイヨワの〈対角線の科学〉 269
SCIENCE DIAGONALE
分野の仕切りを貫通する、最も長い射程を持つアナロジー法

第10章 パラフレーズする 279

38 シソーラス・パラフレーズ 279
THESAURUS PARAPHRASE
類語辞典を発想の支援ツールにする

39 タルムードの弁証法 285
DIALECTICS OF THE TALMUD
すべてを失ったユダヤ人が生きのびるために開発したテキスト解釈法

第11章 待ち受ける　292

40 赤毛の猟犬　292
ROLLING IN THE GRASS OF IDEAS
アイデアの原っぱで転げ回る

41 ポアンカレのインキュベーション　296
POINCARE'S INCUBATION
すべてはここから始まった、発想法／創造性研究の源流

42 夢見　304
DREAM WORKS
夜の眠りを味方につける

アイデア史年表　315

索引　333

イラスト　富永三紗子
デザイン　河村　誠

THE IDEA TOOL DICTIONARY

第Ⅰ部

0から1へ

BUG LISTING

01
バグリスト
不愉快は汲めども尽きぬ発想の泉

難易度 💡 ○ ○ ○ ○

開発者
ジェイムズ・アダムス（James L. Adams）

参考文献
『創造的思考の技術』（ジェイムズ・L. アダムス、ダイヤモンド社、1983）
『メンタル・ブロックバスター――自由な発想を妨げる6つの壁をぶち破れ』（ジェイムズ・L. アダムス、プレジデント社、1999）［＊1］

用途と用例
◎ イライラして何も考えられないとき。
◎ 自分の発想を閉じ込めるブロックを見つけたいとき。

［＊1］いずれも『Conceptual blockbusting: A guide to better ideas.』(Adams. J. L, 1974) の翻訳。『創造的思考の技術』には原書第2版に含まれる第8章が翻訳されている。『メンタル・ブロックバスター』は第7章まで。

レシピ

1 紙かノートを用意して、タイマーを10分間にセットする。

2 不愉快なこと、出会った嫌なこと（バグ）を、ジャンルや新旧こだわらず、とにかく書き出す。
　☞ 10分以内で手が止まり、書き出すバグが思いつかなくなったら「書きづらい＝考えたくない」ところに突き当たったか（そこにあなたのメンタルブロックがある）、あなたが例外的に平穏な人生を送っているか、いずれかになる。その場合は**3**を飛ばして**4**へ進む。

3 タイマーが10分経ったと知らせたら、手を止める。
　☞ ネガティブ思考に浸かるのはそれぐらいで十分。もう少しで本当に書きたかったところまでいけそうなのに、という場合は5分だけ延長してもいい。

4 終わって気分がいくらかすっきりしたなら、それを味わい、やる気をチャージし、やるべきことに取りかかる。

5 さらに問題解決に取り組む気概まで生まれてきたというなら、今つくったバグリストか、これまでに書き溜めたバグリストを眺めて、1つか多くても2つ選び、その不愉快を改善／解決することを考えてみる。
　☞ このとき、本書の他の技法——たとえば第Ⅱ部「1から複数へ」（141ページ）の技法が活用できる。

01 BUG LISTING

サンプル

実例:今までなかったアイデア・発想法の本をつくりたい!

　本書のコンセプトは巷のアイデア本についてのバグリストから構想された。

　クリエイティブ系の職業の方や創作者なら、嫌いな作品の自分と合わないところを書き出してみるといい。「そうじゃないだろ!」という体験や感情のリストは、自分が本当は何をつくりたいのかを教える手がかりとなるはずだ。

《巷間にあふれる「アイデア本」のバグ》
- 古くさい。
- 先達の引き写し。
- 訳されてない海外のアイデア本のつまみ食い。
- なのに出典がない。
- 評価法がないから改善されない。
- 技法のどの部分が役立って、どの部分はいらないかを知る方法がない。
- 個人の体験、思い出だけが根拠。
- 心理学者のくせに、ここ何十年間の創造性研究を何もフォローしていない。
- 思いつきと思索だけで実験していない。
- ビジネス書系のアイデア本はアカデミックな創造性研究を知ら

ず、研究者はビジネス系を無視している。
- 成功したクリエイターのハロー効果だけの企画で中身がない。
- 他の分野に類似の方法があっても知らんぷり。
- 相変わらずの無意識頼み。...etc.

レビュー

※バグリストは発想的財産

　バグリストは他から課題が与えられなくても、自分の中から発想の種を探す手法である。

　イライラの種を書き出すことは、健康や幸福感を改善する［＊2］だけでなく、アダムスによれば、創造力や発明心の優秀な着火剤を蓄積することにもなるという。その意味で、バグリストは継続的に新しい考えを

［＊2］Lepore, S. J., & Smyth, J. M. (2002). The writing cure: How expressive writing promotes health and emotional well-being. American Psychological Association.

必要とする人たちなら、習慣化すべきアクティビティであり、書き溜めたリストは発想的財産となる。

※ **バグの選別がカギとなる**

　バグリストに並んだ不満の中には、容易に解消できるものもあれば、解決のしようがないと思えるものもあるだろう。世の発明は、そうした不満に応じて登場したものが少なくないが [＊3]、数多ある不満の中で着手できたものはごく一部しかない。自分のイライラを書き出したリストとしばらく過ごせば、このことは実感できるようになるはずだ。

　バグリストのうちから、どれを選ぶかについては、二通りのアドバイスがある。

　1つは「たくさんの不満の中から解決できるものを選び出すことが必要だ」というものである。

　我々の資源も時間も有限であり、すべての不満を残らず解決することはできない。選択することを避けることができず、ゆえに不満や問題の目利きになることが求められる。バグリストを日ごとに眺め続けていると、少しずつその選り分けができるようになってくる。

　もう1つは数学者のジョージ・ポリアが『いかにして問題を解くか』（丸善出版）の中で「発明家のパラドクス」と呼んでいるものである。ポリアは、小さく些末な問題よりむしろ、より大きな問題、野心的な問題ほど実りが大きいばかりかじつは解きやすい、と指摘している。

　一見すると逆に思えるが（だからこそパラドクスと呼ばれるのだが）、小手先の改善で間に合う小さく特殊な問題よりも、ものの見方や問題の捉え方に根本的な変更が必要となる一般性の高い大きな問題のほうが、何を変えればいいかに気づきさえすれば、あっという間に解けてしまうもの

[＊3]「必要は発明の母〈necessity is the mother of invention〉」という言葉はジョナサン・スウィフトの『ガリヴァー旅行記』（1726）「馬の国」に登場するが、初出はより古く、英文ではロジャー・アスカムの『Toxophilus』（1608）に、ラテン語ではウィリアム・ホーマンの『Vulgaria』（1519）に現れる。

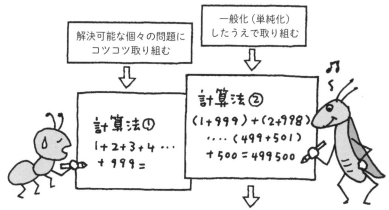

である。おまけに、気づきの効果は、これまで解けそうもないと思えた他の難問にまで波及する。

　何より大きな問題に挑むほうがあなたの問題解決者としてのレベルをより向上させる。

[＊4]『軽快なJava』（ブルース・A. テイト、ジャスティン・ゲットランド、オライリージャパン、2004）を参考に作成。

FOCUSING

02
フォーカシング
言葉にならないものを言語化する汎用技術

難易度 💡💡💡💡💡

開発者

ユージン・ジェンドリン（Eugene T. Gendlin, 1926 - ）

参考文献

『フォーカシング』（ユージン・T. ジェンドリン、福村出版、1982）
『やさしいフォーカシング』（アン・ワイザー・コーネル、コスモス・ライブラリー、1999）

用途と用例

◎ 自分の中のもやもやとしたものを言葉にしたいとき。
◎ 言葉にならない懸念や葛藤や問題を言語化したいとき。

レシピ

(アン・ワイザー・コーネルによる改訂版)

1 楽な姿勢で座り、目を閉じて、音に耳をすませる。

2 次の順番で、だんだんと自分の内側に意識を移していく。
☞ ①右足（右足の先）を感じる。
　②左足（左足の先）を感じる。
　③右手（右手の先）を感じる。
　④左手（左手の先）を感じる。
　⑤頭を感じる。
　⑥両肩を感じる。
　⑦お腹のあたりに意識を集中する。

3 体の中の「何か」に名前をつける。
☞ ①体の中の他と違った感じに気づく。
　②その「何か」に名前をつける、あるいは名前が浮かぶまで待つ（ここでは○○さんとする）。
　③その「何か」に名前で呼びかけて挨拶する（「○○さん、こんにちは」）。
　④どうしても「何か」が感じられないなら、先に仮の名前（たとえば「カラダさん」）をつけて呼びかけてみる。
　⑤ぴったりした名前かどうかを感じる（違う感じがするなら②へ戻る）。

02 FOCUSING

4 「何か」に質問する

☞ ①取り組みたい課題がある場合は「○○さん、××のことなんだけど、どんなものだろうね？」と言葉を使って質問する。

②取り組みたい課題がはっきりしない場合は「○○さん、何だかよくわからないんだけど、どういうことだろうね？」と問うてみる。

③感覚の変化が起こるのを待つ。変化したら、変化にしばらく付き合う（イメージが浮かぶ場合も多い。その場合はイメージの変化に付き合う）。しばらく待って変化が感じられないなら、別の言葉をかけ直す。

④変化に名前をつける、あるいは変化から言葉が浮かんでくるのを待つ。つけた名前（言葉）が合っていれば、フェルト・シフトと呼ばれるぴったりだという感覚と解放感が得られる。

⑤「ちょっと体に戻してみますね」と言葉を投げかけて、浮かんだ言葉やイメージを体に戻すようにイメージし、さらに感覚の変化を待つ。3へ戻って繰り返す。ここで別の質問を投げかけることもできる。

☞ 緊張していたり、うまくやろうと頑張ってしまうと、わずかな感覚を捉えたり、浮かんだ言葉やイメージを捕まえるのがうまくいかない場合がある。その場合は「少し緊張してるみたいだね」「失敗しちゃいけないと思ってるみたいだね」と言葉を投げてみるとよい。

5 十分に言葉の投げかけや感覚の変化を味わったら、「○○さん、そろそろ終わってもいいですか？」と言葉をかける。

☞ もう少し続ける必要があるなら、そうした感じが得られるので、

3や4に戻って繰り返す。終了していい感じがしたら、「ありがとう、○○さん。また戻ってきますね」と挨拶する。最後の感覚を味わいながら、しばらくしてから目を開けて終了する。

☞ 3以降は次のようにしてもよい（こちらのほうがジェンドリンのオリジナル版に近い）。

3' 気になっていることを、5つほどイメージの机の上に出す。
　☞ ①お腹のあたりを意識しながら、自分の中で気になっていることや、悩んでいることを、「かたまり」として自分の中から取り出

すようにイメージする。
　　②一番気になっていることを最初に、その次に気になっていることを2番目に、と順番に取り出して、机の上に置いていく（ようにイメージする）。気になっていることが見つかり、取り出せるまで、あせらずゆっくりと行っていく。
　　③数は4つでも6つでもいい。

4′ 机に出した5つの「かたまり」から1つを選ぶ。
　☞5つの気になっていることや悩みごとから、今の気持ちで1つを選ぶ。重要なものを選ぶ必要はない。あまり考えずに選べばよい。

5′ 再びお腹のあたりに意識を集中して、イメージを思い浮かべる。
　☞①選んだ「かたまり」を自分のお腹のあたりにもっていく。
　　②目をつむったまま、お腹のあたりを「見る」。何かイメージが浮かんでくるのを待つ。

6′ 浮かんできたイメージに焦点（ピント）を合わせてみる。
　☞するとイメージが少しずつ変化しはじめる。

7′ イメージの変化に最後まで付き合う。
　☞◎イメージが動画となって動き出す場合がある。
　　◎イメージが次のイメージに変わる場合もある。
　　◎絵は動かないが、明るさや色が変化する場合もある。
　☞いずれにしても、イメージがこれ以上変化しなくなるまで、ゆっくり待つ。

サンプル

実例:コーネルの〈書けない病〉克服のためのフォーカシング

　アン・ワイザー・コーネルは、ジェンドリンに学び、フォーカシングのプロセスをより取り組みやすいように手を加え、ワークショップや多くの著作を通じてフォーカシングを教えている。その中の実施例の1つとして、自身の執筆に行き詰まった際に行った〈書けない病〉から抜け出すためのフォーカシングを紹介している。

　書けない状態に陥ったとき、その感じ(フェルトセンス)をつかもうと、体の内部に注意を向けた。アンは胸のあたりに〈暗闇〉がある感じ、〈何かが隠れている〉感じがすることに気づいた。

　次に書けない状態に陥ったときにまた体の内部に注意を向けると、〈暗闇〉と〈隠れている感じ〉というよりむしろ〈何かが頭を引っ込めている〉と言ったほうが近いと感じた。その感じについて意識を合わせていると、書くことはその逆に〈頭を上げる〉感じがすることで、〈そんなことをすれば何か大変なことが起こってしまう〉と、自分の一部が怖がっていることにも気づいた。

　次に書けない状態に陥ったときには〈頭を引っ込めている〉感じから始まり、やがて自分の父親が「何様だと思ってるんだ」と言った記憶と結びつき、書くことの不安の源の一部を思い出すことができた。父は、アンが何か文章で表現することを「ひけらかす」ことだと見なし良い顔をしなかったのだ。

　その後もアンは書けない状態に陥ったが、その〈正体〉をつかむうちに、状態から抜け出すことも、うまく付き合うこともできるようになっていった。

レビュー

※ 言葉にならない〈もやもや〉を取り扱う技法

　ビジネス向けに開発されたアイデア技法は、当然ながら「〜についてのアイデアをつくれ」と課題を与えられた場合に使うものが多い。

　しかし我々が新しい考えを必要とするのは、誰かに課題をあてがわれた場合ばかりではない。むしろ考えなければならない状況に陥ったとき、誰からも指示もヒントも得られず、自分だけで思考のスタートを切らなければならないことが多い。

　心理療法の中で生まれ発展したフォーカシングという手法は、まさに何を考えればいいかすらわからない段階で役立つ、言葉にしがたい〈もやもや〉を扱って言語や思考に結びつけるためのアプローチである。

※ 身体感覚と言葉のリレー

　開発者のジェンドリンは、心理療法の成功が何によるのかを探る研究を通じて、クライアント自身が言葉にならない〈もやもや〉が志向しているものを探り当て、〈これだ！〉という感覚を得ることの重要さを認

識し、その方法をつくり上げた。

〈もやもや〉は、何らかの身体感覚を伴っていることが普通である。この感覚を感じ当て、仮初めの名前を付けることから、フォーカシングは始まる。この名付けがうまくいっていれば、名前をつけることで感覚やそれに伴うイメージが変化する。

感覚に名前をつける→感覚が変化する→また感覚に名前をつける→また感覚が変化する→……といった作業を繰り返すことで、うまくすれば〈これだ！〉というしっくりいく感覚に行き着くことができる。

うまくいかない場合は、身体感覚と言葉のリレーでバトンをどこかで落としたようなものだから、うまくいかなくなったところから名付けと感覚の変化のリレーをやり直せばいい。

❖ 思考の前にあって支えるもの

こういうと、いかにも頼りなく曖昧模糊として、論理や概念を用いた明晰な思考の対極にあるもののように感じられるが、そうではないとジェンドリンは考える。ジェンドリンの本業は哲学者であり、フッサールらの現象学や後期ヴィトゲンシュタインに発する日常言語学派の検討を経て、むしろ、こうした〈しっくりいっている〉〈これだ！〉という感覚こそ、複雑な概念的思考に先んじてあり、またそうした思考の下支えとなっているのだという。

その意味では、広義のフォーカシングは我々が知らず知らず日々行っているものであり、ジェンドリンはこれを改めて取り出し、我々が自覚的に用いることができるよう言語化――技法化したのだといえる。

ジェンドリンたちはさらに、フォーカシングを元にして、理論や抽象的な概念についても扱うことができ、執筆や質的研究にそのまま活用できるTAE（thinking at edge）という方法を開発している（→30ページ）。

THINKING AT THE EDGE
MY SENTENCE SHEET

03
TAEのマイセンテンスシート

何を書くかを身体に尋ねる

難易度 💡💡💡💡💡

開発者
ユージン・ジェンドリン（Eugene T. Gendlin, 1926 - ）
メアリー・ヘンドリクス（Mary Hendricks Gendlin, 1944 - 2015）
得丸さと子（1959 - ）

参考文献
『ステップ式質的研究法──TAEの理論と応用』（得丸さと子、海鳴社、2010）

用途と用例
◎ うまく言葉にできないものを抱えていると感じるとき。
◎ 長い時間考えてもうまくまとまらないとき。
◎ 問題とデータにまみれた後、途方に暮れたとき。

レシピ

1 取り組もうとしている課題を記入する（シート①）
☞ 33ページ表を参照する。

2 取り組もうとしている課題について、どんな感じがするかを身体感覚として味わい、浮かんできた単語やフレーズを書き出しておく。ある程度出せたら、重要だと感じるもの数個に下線を引いておく（シート②）。

3 2で書き出した単語やフレーズを読み返し、そこからいくつかの語を組み合わせて、しっくりきそうな短い文をつくり、仮マイセンテンスとする（シート③）。

4 仮マイセンテンスの中で重要だと感じる語句（キーワード）に線を引き、その語句を空所（ブランク）にしたものをシート④に記入する。

5 仮マイセンテンスで線を引いたキーワードをシート⑤に記入し、⑤の辞書的な意味をシート⑧に記入する

6 次にシート④に書いた空所（ブランク）のある文を読み返し、空所（ブランク）を埋めてしっくりきそうな語句やフレーズを2つ考える。それぞれをシート⑥と⑦に記入する。⑥と⑦に書いた語句・フレーズについても、辞書的な意味を、それぞれシート⑨と⑩に記入しておく。

03 THINKING AT THE EDGE MY SENTENCE SHEET

7 ⑤、⑥、⑦に記入したキーワードを、④の空所（ブランク）のある文に当てはめて、もう一度読み直す。キーワードで埋めてできた短文は、キーワードを辞書的な意味で解釈しては意味が通らないことが多い。これらのキーワードは通常以上／以外の意味を担わされている。辞書的な意味と比較して、その意味を書き出してみよう（シート⑪、⑫、⑬）。少し長くなってもかまわない。書けたら、その中でも最も重要な語句に線を引いておく。

☞ 言葉にできそうでできない何かをつかむためには、ここが最も重要になる。無理強いしなければ表せなかった何かこそ、言葉にできなかったものを言語化する手がかりになる。

8 ⑤、⑥、⑦に記入した3つのキーワードと、辞書以上／以外の意味を書いた⑪、⑫、⑬で下線を引いた語句を、まとめて⑭の空欄に書き写し、それぞれにどんな感じがするかを味わう。

9 感じた後、思いついた短文をマイセンテンスとしてシート⑮に記入する。

☞ 意味が通らなくてもいい。逆説的な文のほうが喚起的でむしろ望ましい。

10 ⑮のマイセンテンスを、他の人に説明するつもりで補足説明を考えてシート⑯へ記入する。これが「言葉にならない何か」を求めて得られた、とりあえずの結果となる。

サンプル

原稿が書き進まない理由を検証する

☞ 次ページ表。

マイセンテンス・シート

①テーマ（「この感じ」として持つもの）	原稿が書き進まない理由
②浮かんでくる語句「この感じ」に浸りながら書く→重要なものに下線を引く	恐れ、多すぎる情報、<u>うまくまとまらないんじゃ</u>、こんなに引っ張って大したことないんじゃどうしようもない、あきれられる、無視される、要するに低評価、<u>無能さ</u>と<u>直面する</u>からやりかけの<u>ファイルも開きたくない</u>、もっと楽なことあるのに、でも厳しいから次にいける、高められる、ほとんどの著者についてちゃんと読んでない、抜けがあるに決まってる、でもストーリー自体は決まってる、このまま書いていいのか？　それで目指す域までいけるのか？　<u>自信ない</u>・・・
③仮マイセンテンス→最重要語に二重線	<u>自信がない</u>ので取り組むのが苦しい
④空所のある文（二重線部分を空所に）	（　　　　）ので取り組むのが苦しい

⑤キーワード1（二重線をひいた語）	⑥キーワード2（空所を埋めた語）	⑦キーワード3（二重線をひいた語）
自信がない	人の評価を恐れる	無能さに直面する
⑧通常の意味	**⑨通常の意味**	**⑩通常の意味**
自分の能力や価値などを信じられない。自分の行為や考え方を疑ってしまう	あるものの価値を他の人が決めるのを怖がる	自分に能力がないことが明確になる
⑪フェルトセンスの意味（最重要語に下線を引く）	**⑫フェルトセンスの意味（最重要語に下線を引く）**	**⑬フェルトセンスの意味（最重要語に下線を引く）**
<u>仕事の内容や要求するレベルに、自分の知識や能力が追いついていない感じ</u>／卑下してるわけでなく<u>現状認識的には正しい</u>	常に<u>高い評価を得なければならぬ（べき思考）</u>／じつはそうでもないし、<u>間違うことで学べる</u>ことも多い（今回もそう、間違えたからツッコミがあって自分では読まなかったような<u>本</u>を読み出した）	<u>知的前進（先に進むこと）と無知が明らかになるのはほとんど同義</u>では？　面倒くさいことに取り組んだ本来の意図は、このことだったのでは？　つまり<u>自身の無能に直面する</u>なら方向はまさにドンピシャ。

⑭拡張文（空所にすべてのキーワードと下線語を書く）	自信がない／人の評価を恐れる／無能さに直面する／仕事の内容や要求するレベルに、自分の知識や能力が追いついていない／現状認識的には正しい／高い評価を得なければならぬ（べき思考）／間違うことで学べる／自分では読まなかったような本／知的前進（先に進む）ことと無知が明らかになるのはほとんど同義／自身の無能に直面する
⑮マイセンテンス（わかりにくくてよい、逆説もOK）	自分を先に進める作業がキツイのも、息切れするのも、嫌になって他に逃げるのも、当たり前の想定内である。なぜなら知的前進とは自分の無知に直面することと同義だから。良いことも悪いことも存分にやって、思う存分逃げて怖気づいて後戻りして寄り道して、進める分だけ進んでいこう
⑯マイセンテンスの補足説明（他の人にもわかりやすく）	やれるだけやって前進することも、やれないだけさぼって停滞し後戻りすることも、どちらも前に進むには必要なこと

03 THINKING AT THE EDGE MY SENTENCE SHEET

レビュー

❖ 身体感覚の言語化

　心理療法の場で鍛えられたフォーカシング（→ 22 ページ）は、その出自から、もっぱら個人内の懸念を取り扱うよう方向づけられているが、ジェンドリンの体験過程論 [＊1] が発見した身体感覚（フェルトセンス）が関わるものは、なにも個人の不安や心配事だけに限らない。

　出来事などの記録や書物を読んでいて出会う抽象的な概念についても、人はフェルトセンスをもつことがある。

　こうしたフェルトセンスと言語化を扱うために、ジェンドリンとそのパートナーであるメアリー・ヘンドリクスが体系化した技法が Thinking at the Edge（TAE）である。

　得丸さと子は TAE を質的研究に応用し、ステップ式で実施できるよう整備し、記入式フォーマットを提案している。このフォーマットは、フェルトセンスの言語化プロセスを記録するだけでなく、そのプロセスを促進する効果がある。

❖ タルムードとの共通性

　ここで紹介したマイセンテンスシートは、得丸のステップで最初に用いられるものであり、言葉にしがたいものを言語化する工夫がいくつも組み込まれている。

　「この感じ」から生まれるつぶやきを書き出すこと、そこから短文をつくり、あえて空白を空けてそこを埋めようとする言葉を召喚すること、言葉の辞書的な意味を超えた意味に注意を向けさせ、その言葉で本当に意味したかったことは何かを求めさせること、等。

　　［＊1］『体験過程と心理療法』（ジェンドリン E.T.・著、村瀬孝雄・編訳、牧書店、1966）

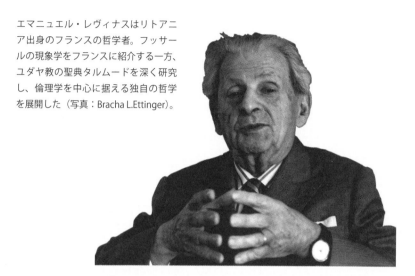

エマニュエル・レヴィナスはリトアニア出身のフランスの哲学者。フッサールの現象学をフランスに紹介する一方、ユダヤ教の聖典タルムードを深く研究し、倫理学を中心に据える独自の哲学を展開した（写真：Bracha L.Ettinger）。

中でも、〈短文をつくり、あえて空白を空けて、そこを埋めようとする言葉を召喚する〉ことは、レヴィナス[＊2]がタルムードの中で繰り返し用いられていると指摘する方法、「我々が範例的と呼ぶ思考方法 (méthode de pensée que nous avons appelée paradigmatique)」を思い出させる（→タルムードの弁証法、285ページ）。

タルムードはユダヤ人にとって聖書と並ぶ法的／生活規範の源泉だが、その内実は聖典の周囲で何百年かけて行われた議論の蓄積であり、絶えず襲ってくる現実と、聖典と伝承の間に矛盾を発見し、神意や奇跡に頼らず議論を尽くして解決していった記録である。

そうした伝統の中で用いられた範例的思考方法は、聖句や伝承の文言について、ある語句を、元の意味や語源を示す語、より広い意味や限定された意味の語など関連する語、文脈から考えて取り替えうる語などに置換しながら思考を進めていく。この方法は、ある理念を別の風土に移植して、その理念から新しい「可能性」を収穫するものであると、レヴィナスによって解説されている（『タルムード四講話』）。

[＊2]『タルムード四講話』（エマニュエル・レヴィナス・著、内田樹・訳、国文社、1987）

EDISON'S NOTES

04
エジソン・ノート

発明王はここまでやる、
1300の発明をもたらした3500冊

難易度 💡

開発者
トーマス・エジソン（Thomas Alva Edison, 1847 - 1931）

参考文献
『エジソン——電気の時代の幕を開ける』（ジーン・アデア、大月書店、2009）
「the Rutgers collection of Thomas Edison's papers」（http://edison.rutgers.edu）：エジソンのノートが閲覧できる

用途と用例
◎ アイデアを財産にして蓄積したいとき。
◎ 過去のアイデアを再利用したいとき。

レシピ

1. 自分のアイデア、目に止まった他人のアイデアや気になった情報など、なんでもノートに記録しておく。

2. 記録したノートを事あるごとに読み返し、気づいたことをさらに書き加える。

3. そうして得たアイデアが成功した場合も、失敗した場合も、ノートに記録しておく。

サンプル

エジソンの発明は、単独のアイデアで成り立つものではなく、いくつものアイデア、それも先行する発明から得られた着想やノウハウが複数

04 EDISON'S NOTES

組み合わさってできたものが多い。

エジソンは自身のノートの記録を読み返し、ノートと対話し、過去のアイデアや発明を呼び出し、組み合わせて、新しい発明に結びつけた。

実例：蓄音機の発明

音という、発生した途端消えてしまうのが当たり前だったものを、記録し再生する力をもたらし、間違いなく世界を変えた機械（バーチャルリアリティ技術はここに始まる）は、次のような発明が先になければ実現しなかったと思われる。

まず、エジソンが17歳のときに最初に取り組んだ発明である、モールス電信機の自動記録装置。これは紙テープに刻みをつけることで信号の記録と送信を可能にした。ここから信号の記録と再生を行う機械の着想が得られた。

次に、エジソンが注力した電話機。エジソンは新型の電話のために炭素板式振動板を開発したが、この研究過程で音と振動の関係についての知見を蓄積していった。

エジソンと蓄音機。

このようにエジソンの発明には、過去の発明や結局採用されなかったアイデアが、いくつも組み合わされている。

レビュー

※アイデアはメモすることで生き返る

　レオナルド・ダ・ヴィンチに憧れていたトーマス・エジソンは、ダ・ヴィンチにならってノートをつけていた。

　アイデアをメモし、それを読み返し、またメモを書いた。その数、3500冊。

　生涯に約1300もの発明を世に送り出した「発明王」エジソンにとって、アイデアこそが資本だった。

　ピンチに陥ると、エジソンはノートと相談した。たとえば1900年、エジソンが出資していた鉄鉱石採掘企業が倒産寸前の事態に陥ったとき、エジソンはノートをひっくり返しあちこちを詳しく読み返して、その企業の組織とノウハウをもっとうまく活用できる道を探したという。すると、セメント製造に事業を転換できることがわかり、企

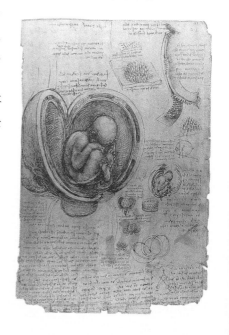

ダ・ヴィンチ手稿。レオナルド・ダ・ヴィンチが約40年間にわたり書き綴ったノート。全手稿のうち約3分の2が失われたが、それでも約5000ページが現存する。圧倒的なデッサン力による図を交え、鏡文字で記されている。内容は絵画、彫刻、建築をはじめ、天文、気象、物理、数学、地理、地質、水力、解剖、生理、植物、動物、土木、兵器、自動人形、飛行装置など多彩な分野にわたる。量、質ともにエジソンのノートを凌駕する。

04 EDISON'S NOTES

業は息を吹き返したのだ。

　新たに得られた知識やノウハウを使って、以前に捨てたアイデアや行き詰まった発明（これらはたくさんあった）を掘り起こし、今ならうまくできないか、少しは前に進めないかと試していった。たとえば、頓挫したままになっていた電報用海底ケーブルのアイデアは、新たに発明した電話に応用することができた。

　ノートには自分のアイデアだけでなく、他の発明家が発表した論文や紹介記事、誰かに先を越された特許、自然や社会の出来事についての感

メモは掘り起こして生き返らせることができる

想も書きつけた。他人が成功した事例を元にして、別の分野でうまくいきそうなアイデアを考えるのに、こうしたメモを用いたわけだ。

※ **エジソン・ノートの欠点と長所**

アイデアを記録することは誰もがやっている。

習慣的にアイデア・ノートをつけている人も少なくない。アイデアを必要とする職業についているなら必須だといえる。

だが、その量と執拗さ、再利用の度合いと生産性の高さにおいて、エジソンのノートは図抜けている。技法として見たときの、このノートの唯一にして最大の欠点は、一朝一夕にはいかないことだ。

しかし翻ってみれば、これは他にない長所ともなる。あなたが何年来のノートをつける習慣をもっているなら、それを繰り返し活用し、さらにアイデアを吹き込み続けるなら、簡単には真似のできないアドバンテージになるからだ。

ダ・ヴィンチに影響されてエジソンが書いていたエジソンのノート。スミソニアン・インスティチューションとラトガース大学は、エジソン文庫（Thomas A. Edison Papers）を1978年に設立し、エジソンのノートや手紙を整理・保存している。これは科学史上の個人資料を保存するプロジェクトとしては、レオナルド・ダ・ヴィンチ文書に並ぶ規模だといわれる。

NONSTOP WRITING

05
ノンストップ・ライティング
反省的思考を置き去りにする

難易度 💡 💡 💡 💡 💡

開発者
ナタリー・ゴールドバーグ（Natalie Goldberg, 1948 - ）

参考文献
『クリエイティヴ・ライティング──〈自己発見〉の文章術』（ナタリー・ゴールドバーグ、春秋社、1995）
『作家の仕事部屋』（ジャン＝ルイ・ド・ランビュール・編、中央公論社、1979）

用途と用例
◎ アイデアを生む際の抵抗と不安を取り除く。
◎ 頭の中にある形になっていない考えを取り出す。

レシピ

1　書く準備をしてタイマーを 15 分間にセットする。

☞ 紙（ノート）と筆記具、あるいはパソコンとテキストエディタなど書くために必要なものを準備する。そしてタイマーを 15 分（または自分で決めた時間）にセットする。

2　タイマーが鳴るまでなんでもいいからとにかく書き続ける。

- 手を止めてはならない。読み返してはならない。消すなんてもってのほか。
- 書き誤りや句読点や文法、改行や段落なんて気にしない。
- 漢字が出てこないならひらがなでもカタカナでもいい。
- 主語と述語がちぐはぐでも、単語の羅列や繰り返しでも、かまわない。
- 満足がいかなくても、そのまま進む。
- もうだめだ、書くことがない、となったら「もうだめだ、もう書くことがない」と書く。なんでこんなことしなきゃならないんだ、と思ったら、そう書く。とにかくタイマーが鳴るまで手を動かす。

3　怖い考えやヤバイ感情に突き当たったら（高い確率でそうなる）、「ようやくおいでなすった」と思って、すぐに飛びつく。

☞ おそらくは、それが書くことを邪魔しているメンタル・ブロック（あ

るいは、それにつながるもの）である。同時にそれは、どこかで聞いてきたようなお行儀のいい言葉以上（以外）を書くためのエネルギーの源泉になる。

書きなぐることでアイデアが見えてくる

サンプル

（読むに耐えないカオスのような書き物こそ望むべきものなので、体裁のよい使用例は入れない）

レビュー

※ **仮想の読み手という存在**
　文章を書いていて、それほど支離滅裂でない言葉が出てくるのは、自

分の中にいる「仮想の読み手」のおかげである。

　我々が何かを書いているとき、話すときなどと違って、受け手が今目の前にいるわけではない。つまり話す場合と違って、受け手（聞き手）からのリアルタイムの反応を見て何をどのように話すのかについて調整する、といったことができない。

　そこで書き手は、フィードバックを受け取るために自分の中に「仮想の読み手」をつくり上げる。すると、書き手は無意識のうちに、自分の内の「仮想の読み手」の反応を受け取って、何をどのように書くのかを調整していく。

　だからこそ、書いたものは支離滅裂でなく、完璧ではないにしてもいくらかのまとまりをもったものになるわけだ。

　しかし、仮想の読み手がいることはいいことばかりではない。

　書いている最中に、心のどこかから浮かび上がる、文章や書き手に対する否定的な思考や感情はこの「仮想の読み手」から生じてくるのだ。自己否定に手が止まり、苦しさにそれ以上書けなくなるのも、「仮想の読み手」の働きによる。

　同種の自己監視・自己検閲は、アイデアを生むときにももちろん働く。

　自分が出したアイデアが評価されるかもしれないと思うこと（評価懸念）は創造性を下げることが、実験［＊1］でも確かめられている。それどころか、創造性の研究は当初から、実験参加者の多くがアイデアを出すことに抵抗し、自分が生み出したものが奇異ではないかと強く心配することに悩まされてきた。

　彼らは、創造性が限られた人間にのみ許されるものだと信じ、自分はそれに当てはまらないと考えていたからである。しかし実際は、彼らは実験を行ううちに、恐れやトラウマを伴わずに自分が創造的に思考できることを発見し、しばしば大きな驚きを表明することになる（→フィンケの曖昧な部品、71ページ）。

　［＊1］Amabile, Teresa M. "The social psychology of creativity: A componential conceptualization." Journal of personality and social psychology 45, NO.2 (1983): 357.

❖ 最強の批判者を倒し、役立つ思考を奪い取る

　ブレインストーミングをはじめとする集団による創造的手法は「他人のアイデアについて評価・批判しない」「自由奔放なアイデアを尊重する」ことを前提とするものが多い。しかし、最強にして逃れることのできない批判者は、自分の中にいる。

　その最強不回避の批判者から、わずかな時間だけだが、逃れる方法がある。それがこのノンストップ・ライティングだ。

「仮想の読み手」の中核をなす反省的思考は、認知的リソースを消耗するから、それほど素早くは反応できない。そこで、際限なく書き続けることで「仮想の読み手」をオーバーフローさせるのである。

　もちろん、反省を置き去りにして書きなぐった言葉や文章は、とても人には見せられないでたらめな化け物のような代物になる。そんなものが何の役に立つのだろう？

ノンストップ・ライティングで
自分の中の読み手をオーバーフローさせる

※ レヴィ＝ストロースのコラージュ

　人類学者のレヴィ＝ストロースは、自分もそんなふうに書いているとインタビューで語っているが、その中に答えがある。
「書きなぐることから始めるのは、自分が何を言いたかったのかを見つけるためである」
「頭の中にあるような気がしていたものは、すぐに消え去ってしまう」
「書きつけて物質と化した思考のみが、扱うことができる」
　レヴィ＝ストロースは、書きなぐった原稿を前にして、まずサインペンや色鉛筆を使って行間に加筆していく。行間という行間に、あらゆる色と種類の筆記具で加筆に加筆を重ねても、まだ終わらない。
「原稿が解読不能な状態になると、不要な部分を白く塗りたくり、さらに加筆訂正できるようにします。
　この操作も不可能になると、切り取って原稿に貼りつける小さな紙切れを使って、書き直すべき部分を書き直せるようにします。
　要するに仕事が仕上がったときには、紙切れが三枚も四枚も重ね貼りされていて、ほとんどある種の画家たちのコラージュに似たものになっているのです」（『作家の仕事部屋』）

書斎のレヴィ＝ストロース。机の上にはノートとペン立てに入った色とりどりのペンが。
© Roger-Viollet/amanaimages

RANDOM STIMULI

06
ランダム刺激
偶然をテコに、枠を越える最古の創造性技法

難易度 💡 💡 💡 💡 💡

開発者
不明

代表者
エドワード・デボノ（Edward De Bono, 1933 - ）

参考文献
De Bono, E. (1970). Lateral thinking: a textbook of creativity. Penguin UK.
『組織化の社会心理学』（第 2 版）（カール・E・ワイク、文眞堂、1997）

用途と用例
◎ アイデアを生み出すのに躊躇するとき。
◎ 自分の癖や先入観を避け、あらゆる可能性に発想を広げたいとき。

レシピ

1 問題とは無関係な刺激を選ぶ。[*1]
  ☞ ◎ 周囲の物音あるいは目に映るもの。
  ◎ 注意を引くもの。
  ◎ デタラメに開いた辞書や本や雑誌や画集や写真集のページ。
  ◎ Wikipedia のお好み検索。
  ◎ 投げたサイコロや算木。
  ◎ ランダムに引いたタロット。

2 刺激を受け取る。

3 刺激と問題を結びつけて、自由に連想する。

4 **2**〜**3**を必要なだけ繰り返す。

サンプル

実例：ニュートンのリンゴ

　　　ランダム刺激の科学史上最も有名な例は、(真偽に疑いがもたれているが)「ニュートンのリンゴ」だろう。

[*1] シネクティクス（→ゴードンの4つの類比、238 ページ）を開発したゴードンらは問題解決過程の録音を蓄積・分析し、当面の目的や問題に直接関係なさそうに見える考え方、情報、観察があるとき、よい問題解決が達成されることを発見している。なお、あらかじめ刺激のリストを用意しておくと、この手法はエクスカーションとなる（→エクスカーション、58 ページ）。

06 RANDOM STIMULI

スタックレーの著書『回想録』には、スタックレーが、ニュートンが死去する前年の4月15日にロンドン西方の彼の自宅を訪問したときのエピソードを書き残している。
　昼食の後、2人で庭に出てリンゴの木陰でお茶を飲んでいたとき、話の合間にニュートンがふと昔語りしたのだという。
「昔、万有引力の考えが心に浮かんだときとそっくりだ。瞑想にふけっていると、たまたまリンゴが落ちて、はっと思いついたんだ」

ニュートンは、リンゴの落下の観察から「リンゴに働く重力」を発見したのではない。

　ニュートンが考えていたのは、リンゴとは直接関係のないことだった。地上の物体とは別の原理で運動すると信じられてきた月のような天体と、たまたま目に入ったリンゴの落下(視覚的ランダム刺激)を結びつけ、「月にもリンゴを落とすのと同じ力が働いているとしたら？」と考え、その力を計算してみたのだ [*2]。

　リンゴは思考のきっかけではあったが、必須の条件ではなかった。実際、月の落下に対して、地上の物体が落下する速度を得るのに、ニュートンはリンゴの落下ではなく別の実験から求めている。

実例：ダーウィンの進化論とマルサス『人口論』

　5年にわたるビーグル号での航海を終えて、航海中に集めたたくさんの野生動物と化石を整理分類するうちに、絶滅した生物と現在の生物の地理的分布はダーウィンを悩ませることになった。この分布を一貫して説明するためには、生物の種が変化すると考えなければならないが、そうなると種の変化を説明できる理論が必要になる。

　ダーウィンは学者のコミュニティに参加する一方、プロの博物学者からはもちろん、農業やハトの育種などの仕事で生き物と関わる人たちの経験談を集めた（彼らが行う品種改良のため、より良い形質をもつ個体を次世代の親として選ぶことのアナロジーとして、自然淘汰は発想されている）。そのうえ親戚や使用人、隣人、入植者、元船員仲間などからも話を聞いて回った。

　ダーウィンの研究は泥沼に入り込み、長く苦しむことになったが、

[*2] 月は27日7時間43分で地球の周りを1周する。月に対して何の力も働かなければ、ガリレオの慣性法則からいって直線方向に分速37.4kmで動くことになるが、実際は円を描くため、毎分49m地球のほうに曲がっている（つまり地球へ落下している）。落下する物体の落下距離は時間の2乗に比例するから、1秒当たりでは49/3600mの落下となる。これに対して地上の物体は毎秒49mで落下する。月までの距離は地球半径の60倍だから、落下をもたらす力は、距離の2乗に比例することになる（逆2乗法則）。

偶然気晴らしに読んだ書物がブレイクスルーをもたらした。

「1838年11月、つまり私が体系的に研究を始めた15カ月後に、私はたまたま人口に関するマルサスを気晴らしに読んでいた。動植物の長く継続的な観察から至る所で続く生存のための努力を理解できた。そしてその状況下では好ましい変異は保存され、好ましからぬものは破壊される傾向があることがすぐに私の心に浮かんだ。この結果、新しい種が形成されるだろう。ここで、そして私は機能する理論をついに得た」(『ダーウィン自伝』)

マルサスの議論の中核は、人間の人口は抑制されなければ等比数列的に増加し、すぐに食糧供給を越え破局が起きるという主張だった。

ダーウィンはこれを他の生物に適用した。生物が繁殖のために利用できる食料などの資源には限界があるとすれば、好ましい変異をもった個体はより生き延びることで彼らの子孫にその変異を伝え、逆に好ましくない変異をもつ個体は生き延びることができずその変異は失われるだろう。この積み重ねで変異は積み重なり、種が変化する。

ダーウィンはこうして進化を説明する自然淘汰説のアイデアに至ることができた。

レビュー

※ **古代から世界中で行われていた技法**

偶然を用いたこの種の手法は占いの一角を担っており、有史以来世界

中に散見することから、その開発者を探し当てることは不可能である。

　たとえばデボノもあげている、デタラメに開いた書物からランダムな刺激を得るやり方は、開典占い（本が自然に開くのに任せて、目を閉じて節を選び、指針にする。英語では stichomancy や bibliomancy という）として古くから知られていた。キリスト教徒の間では聖書を用いた聖典占いが広く行われたし、中世ヨーロッパでは他にウェルギリウスの『アエネーイス』やホメロスの『イリアス』『オデュッセイア』が、イスラム教ではコーランの他にペルシャの詩人ハーフェズの詩集が用いられた。日本でも百人一首を用いた同様の占いがある。

中国で見つかった紀元前1200年頃の亀ト。亀裂により国家の大事を占った。占いの言葉を亀甲獣骨に刻んだものが卜辞、いわゆる甲骨文字である。日本でも間口洞窟（まぐちどうくつ）から5世紀のものと推定される遺物が出土している。奈良時代には公の行事となり、神祇官の卜部（うらべ）がこれを執行（しゅぎょう）した（写真：BabelStone）。

　さらに遡（さかのぼ）れば、古代ギリシアの神託所のうち、ドドナの神託は〈オークの木々のそよぎ〉を神の声として聞き分ける（木々のそよぎを音声的ランダム刺激とする）ものであり、ゲル

マンやスラブの人々の間では柳の木の枝がどちらに倒れるかで占う方法があった。

中国では、亀甲のヒビ割れによって神意をうかがう亀卜(きぼく)は竜山文化期（前2100年頃）にすでに行われていたが、獣骨を焼いてそのヒビで占う方法は世界中に広がっていた。

※ ランダム刺激が現代に残っている理由

こうした技法の〈強力さ〉を理解し、それらが世界に広く分布し、時代を超えて生き残ってきた理由を知るためには、人類学者ムーアの研究[*3]を援用して、組織（化）論のカール・E・ワイク[*4]がまとめた次のような考察が参考になる。

ネイティブアメリカンであるナスカピ族では、長老はカリブー（トナカイ）の肩甲骨(けんこうこつ)に現れたヒビを読み、狩人たちはそれによって狩りをする場所を決める。ムーアとワイクによれば、ナスカピ族のこの〈意思決定〉は次のような利点をもっている。

- ◎ もし失敗しても、誰かに累が（それほどには）及ばない。
- ◎ 情報が不十分なときでも、決定が下される。
- ◎ 代替案の間でさしたる違いがないときでも、迷わず決定が下される。
- ◎ （資源への負荷が分散することで）ボトルネックが克服されるかもしれない。
- ◎ （次の手が読めないため）競争者が混乱する。
- ◎ 代替案の数が（原理的には）無数になる。
- ◎ 手順が愉快だ。
- ◎ 決定は常に速やかに下される。

[*3] Moore, O. K. (1957). Divination—a new perspective. American Anthropologist, 59(1), 69-74
[*4] 『組織化の社会心理学』（カール・E. ワイク、文眞堂、1997）

- 特別な技能がいらない。
- お金がかからない。
- その過程にケチのつけようがない。
- ファイルやその保管場所がいらない。
- 贔屓(ひいき)のしようがなく、どの代替案にも等しい重みづけがなされる。
- 解決に至る論争が不要である。
- 真の新奇性を呼び込むことができる。
- 読み方を変えることによって、ツキを変えられる。
- 過去の狩りの影響を受けない。同じ柳の下にドジョウを探す愚——短期的には賢明であっても、長期的には資源を枯渇させる愚かな戦略——を避けることができる。
- 人間や集団が無意識にハマる選好や分析、思考のパターンにも影響を受けない。しばしば野生動物は人より速くそのパターンを見抜き感じ取るので、その裏をかける。

ランダムネスという不確実性をわざと導入することで、不確実性の高い課題に対処するというこのアプローチは、伝統的な工学のアプローチとは正反対ではあるが、ワイクによれば、ヒトの認知能力と責任能力を超えた問題解決や意思決定について、しばしば最善の、時として唯一の、解決法となりうる［＊5］。

＊ サイコロを振るのは１つの案件につき１回

　これまでにない／これまでと違ったアイデアを生み出そうとする企(くわだ)ては、ヒトの認知能力と責任能力を超えた不可能事ではない。新しいアイデアなど自分には考えつかないと信じる人はかなり多いが、実験はそ

［＊5］ワイクは人類学者のムーアの他に、ゲーム理論家のトーマス・シェリングの説を援用している。シェリングは『紛争の戦略——ゲーム理論のエッセンス』（勁草書房、2008）の中で、選択肢をなくしたり偶然に委ねることで「ゲームの構造を変えて」自分を有利にする戦略があることを指摘し、分析している。

うした自信のなさには根拠がないことを示している。誰にでもアイデアを生み出すことは可能なのだ [＊6]。

　しかし、これまでの慣れ親しんだやり方を（そして染みついた発案への恐れを）、何らかの意味で超えなくてはならないのは確かである。

　ランダム刺激は、これまでのやり方に感情的にも社会的にも認知的にも拘束されたヒトのやり方を、否応なく変更する強力なツールである。サイコロやランダムに開いた書物のページは、あなたの習慣やものの見方や恐怖心に頓着しない（もちろん自身が過去に出した結果にも）。それゆえに、あなたを、あなたが思ってもみないところへ連れて行くことができる。

　ランダムにもたらされた一歩目に、なんとか転ばぬようにバランスを

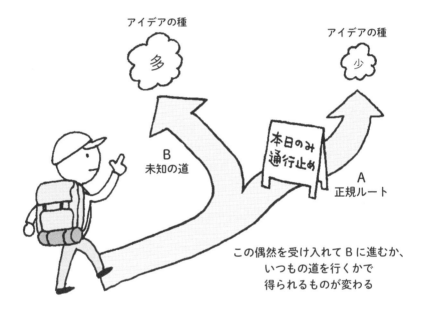

[＊6] たとえばフィンケの曖昧な部品（→ 71 ページ）の元になった、Finke, R. A. (1990). Creative imagery: Discoveries and inventions in visualization, Hillsdale (NJ): LEA. 収録のいくつかの実験や Ward, T. B. (1994). Structured imagination: The role of category structure in exemplar generation. Cognitive psychology, 27(1), 1-40. の事例生成の実験を参照のこと。

とり、ついて行こうと自分の足を前に出すことで、今までとったことのない行動や思考が生まれる。その中に、これまでの経験したことのない何かが発見できる（かもしれない）。

そのすべてが花を咲かすわけではないが、それらはあなたの中に見つかった、これまでと違った考え（アイデア）のための種である。

逆に、ランダム刺激の扱いに失敗する秘訣は、出てきた刺激を受け取らず、自分好みのものが出てくるまで、パスして流してしまうことだ。

❋ 偶然を受け止める勇気

近年のセレンディピティ（→セレンディピティ・カード、64ページ）への注目の高まりに見られるように、創造的活動に対して偶然が果たす貢献に、改めて関心が高まっている。誰にでも到来するはずの偶然の手がかりを、実際に受け取れて創造につなぐことのできる人は少ない。何が来るか予想もつかない偶然に対して準備することは難しい。

しかし偶然に胸襟を開くことは不可能ではない。日頃の発想法に取り入れ、練習さえできる。

ランダム刺激に慣れ親しんでいくと、およそどのようなものでも発想の種にすることができること、つまりアイデアを生み出す発想者には無駄となる体験などないことが理解できる。

その意味で、ランダム刺激は最も古く、また新しい創造的技法である。

EXCURSION

07
エクスカーション

手軽に大量のアイデアが得られる発想の速射砲

難易度 💡

開発者
ジェイムズ・ヒギンズ（James M. Higgins）

参考文献
Higgins, J. M. (1994). 101 creative problem solving techniques: The handbook of new ideas for business. New Management Publishing Company.

用途と用例
◎ 短時間で大量のアイデアを得たいとき。
◎ 最初のアイデアを生み出すのに躊躇するとき。

レシピ

❶「○○についてのアイデアがほしい」といったテーマを決めておく。

❷「△△づくし」づくり。テーマとは無関係なもののリストをつくるために、カテゴリーを1つ選び、そのカテゴリーに属するものをできるだけたくさん書き出す。思いつかなくなり手が止まってしまったら❸へ進む。

☞ よく使われるのは「動物」「場所」「職業」といったカテゴリーだが、たくさん出せて、それぞれにイメージできるものなら何でもいい。たとえば、食べ物、有名人、楽器、マンガ、ゲーム、映画、小説、ことわざ、……風変わりなものでは、各地の奇祭や名物、異文化の風習、都市伝説、等。

カテゴリーごとの事項を集めた専門辞典やウィキペディアの各分野の一覧記事は、この作業にそのまま使える資源であり、またどのようなカテゴリーがあるのかを知ることもできる。

☞ しかし、実をいうと自分で書き出したリストのほうがアイデアは出やすい。リストに書き出したということは、それだけ自分の頭の中でアクセスしやすいものだったというのが、その理由である。

❸❷でつくったリストから、1つずつ選び、思い浮かぶことを書き出しながら、テーマと組み合わせてアイデアを考える。その際、すぐに考えつかなければ、パスして次のリストへ進む

☞ たとえば「動物リスト」から〈うさぎ〉の順番がきたら、うさぎが動いている（たとえば、茂みから茂みへ飛び跳ねている）ところをイメージする。「場所リスト」から〈浜辺〉の順番がきたら、そこで誰が何をしているかをイメージするなど。

❹ リストを使い果たしてもまだ、さらにアイデアが欲しい場合は、❷へ戻って別のグループのリストづくりから繰り返す。

サンプル

新しい筆記具の開発
❶ 「新しい筆記具についてのアイデア」というテーマを決める。
❷ なるべく多くの動物を書き出してリストにする。
　☞〈犬〉〈猫〉〈うさぎ〉〈馬〉……
❸ リストのそれぞれについて、思い浮かぶことを書き出しながらアイデアを考える。

〈犬〉→知らない人が来ると吠える→持ち主以外は使えないサイン専用ペン

〈猫〉→爪を出したり引っ込めたりする→ノック式ボールペン

〈うさぎ〉→薮から薮へ跳ねる→軽やかに走るように書けるペン

〈馬〉→蹄鉄が蹄のすり減りを守るので長距離走れる→なるべくすり減らず長持ちする鉛筆

実例：NASAの宇宙服の開発 [＊1]

1. 「宇宙服についてのアイデアがほしい」とテーマを決める。
2. 「ジャングル」への想像上の遠足（エクスカーション）を行い、出会ったものをリストにしていく。
   ☞〈行く手を阻む藪〉〈極彩色の蝶〉〈30cmくらいあるムカデ〉〈服にへばりついて取れない種子〉……
3. リストのうち、〈服にへばりついて取れない種子〉から、面ファスナー（ベルクロ、マジックテープ）を宇宙服のファスナーに使うアイデアが生まれ、さらに無重力の宇宙空間においても、壁や計器盤にものを固定させるための技術に転用された。

レビュー

※アイデアの連射向き

エクスカーション（Excursion）とは外へ（ex）＋走る（cur）＋すること（sion）＝外に走り出ることであり、もともとの意味は〈脱線する〉ことである。そこから「気晴らしに出かけること」「小旅行」「遠足」という意味が生まれた。

「遠足」とある通り、もともとはシネクティクス（→238ページ）の一部として導入されたグループ技法であり [＊2]、グループを分析モードから発想モードに追い込むための活動としても有用である。

発想や視点の固着を解除する効果が高く、またアイデアの高速大量生成を目的に個人が使用することもできる。

[＊1] Stan S. Gryskiewicz and J.T. Shields, "Issues and Observations," (Greenville, N.C.: Center for Creative Leadership) (November 1983), p. 5

[＊2] 芸術の分野でも、シュルレアリスト（→デペイズマン、181ページ）たちがパリの街に繰り出して以来、カプローらの「ハプニング」、ビートルズの「マジカル・ミステリー・ツアー」など、偶然を求めて外へ出掛ける手法が見られる。

07 EXCURSION

リストの項目ごとにイメージし、そこから問題解決のためのアナロジーを得るところが、同じくシネクティクスを参考に開発されたNM法T型（→253ページ）と似ているが、NM法よりも拡散的な発想が生まれやすく、またNM法と比べても容易に取り組めるので、よりアイデアの連射向きである（NM法のほうが、問題によりフォーカスした〈当たり〉のアイデアが得られやすい）。

❋ 3列に〈出会ったもの〉〈アナロジー〉〈アイデア〉を書き出す

オリジナルのエクスカーションでは、まず3列に縦線で区切った紙を用意する。

そして想像上で遠足（エクスカーション）に出掛けたり、実際に外に出て目についたものを撮影したりして、左端の列に〈エクスカーションで出会ったもの〉を書き出していく。

真ん中の列に〈出会ったものと問題の間のアナロジー〉を書き、最後に〈アナロジーから得られた問題の解決策〉を考え出し、右の列に記録していく。

ここで紹介したものは、「遠足」をカテゴリーごとのリストづくり（「△△づくし」づくり）に替えることで、かかる時間をより少なくしている。

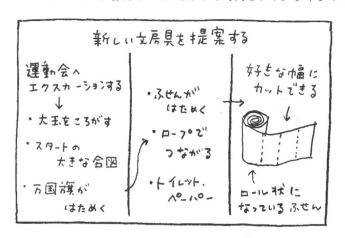

※ **複数人と実行する際の長所**

　エクスカーションは、あらかじめリストを用意することで連続化・高速化したランダム刺激（→ 48 ページ）と見なすこともできる。ランダム刺激のメリットは、我々の観点／やり方に頓着せず、発想の可能性を全方位的に解放するところであるが、エクスカーションはこの長所をほぼそのまま受け継いでいる。

　グループで行うエクスカーションは、他の手法で解決できなかった問題に用いられる。これは、従来の見方では解決が難しい難問や、これまでにない解決法を要する課題に、問題・課題と無関係な視点をぶつけることの他に、一度失敗してへこんだ集団の雰囲気をエクスカーションが盛り上げてくれる効果を狙っている。

　とくに、実際に外に出掛けていくリアルワールド・エクスカーションは、場所の移動と環境の変化が固着した発想をリセットし、スマホで撮影してきた〈気になったもの〉を仲間と見せ合うことによってグループの雰囲気を劇的に変える効果がある。もちろん、個人でやっても効果は高い。

　偶然と無意識を文学と芸術に大胆に導入したシュルレアリストたちも（→デペイズマン、181 ページ）、ブルトンのいう客観的偶然を求めてパリの街へ繰り出した。散歩を発想法として活用した彼らの様子をアラゴンの「パリの農夫」は描写している。

SERENDIPITY CARDS

08
セレンディピティ・カード
幸運な偶然を収穫する

難易度 💡 💡 ○ ○ ○

開発者
澤泉重一

参考文献
『セレンディピティの探求』（澤泉重一、片井修、角川学芸出版、2007）
Robert K. Merton, Elinor Barber (2004), The Travels and Adventures of Serendipity, Princeton University Press.

用途と用例
◎ 偶然がもたらす可能性や新しい関係性を蓄積する。
◎ 有益な発見・発明につながる偶然への感受性を高める。

レ シ ピ

1 名刺大のカードに以下の項目が記入できるよう準備しておく。

```
記入年月日
テーマ
仮説
Who
What
When
Where
Why
How
結果
```

2 「おやっ？」と思った現象に出会ったら、日時はすぐに、他の項目はできるだけ間をおかずに記入する。

 ☞◎ テーマ：何についての〈気づき〉かを記入する。同じテーマについて複数のカードが蓄積されるとよい。

 ◎ 仮説：引っかかる偶然に触れて察知した内容を仮説文の形で書く。たとえば「○○は××を高める」「○○には××するとよい」など「……かもしれない」と感じたことを「かもしれない」を省いて書くとよい。

 ◎ 5W1H：端的に記す仮説に対して、その詳細を「いつ」「どこで」「誰が」「何を」「なぜ」「どのように」に分けて記録する。この

欄が、類似の偶然や仮説との結びつきにつながる。また仮説の内容を深堀りすることにも役立つ。
  ◎結果：カードから新しい仮説が派生したり、別の機会に記入されたものとの関連を書く。

❸ カードを見直し、並べ直す。
☞新しく心動かされる偶然に出会ったときや、特定の問題が生じたときなどがカードを読み返し、並べ直す好機である。新しい関係性の発見や、重層的なものの見方、考え方を促す。

❹ 即座の問題解決につながらなくとも、こうした偶然の蓄積と見直しの習慣を通じて、偶然に出会ったとき、いつでも課題についての記憶がポップアップし、偶然に反応できるようになる（偶然を迎えにいく能力が増す）。

―――― サンプル ――――

実例：リゾチームとペニシリンの発見

　　最も有名なセレンディピティの例といわれるペニシリン発見を導いたセレンディピティ・カードを書いてみよう。

　　フレミングはこうしたフォーマットを使ったわけではないが、ラボノートにこの発見についての記録を残していた。

　　おかげで次の偶然と遭遇したとき、すなわち失敗してペトリ皿に青カビを生やしてしまったとき、When、Where、Why と What の類似から、フレミングは以前の例とその結果を思い出し、ペニシリンを発見することができた。

　　When（細菌の培養中）、Where（培養していたペトリ皿に）、Why（偶

記入年月日	1922年XX月XX日
テーマ	防菌
仮説	涙には菌の増殖を阻害する成分がある
Who	フレミングが
When	細菌の培養中
Where	培養していたペトリ皿に
Why	偶然、誤って
How	くしゃみして唾液が飛んでしまった
What	数日後唾液が飛んだ周囲だけ透明になっていた
結果	涙に含まれる成分に菌を溶かす酵素（リゾチーム）が見つかった

然誤って）、What（周囲が透明になっていた）→結果（菌を溶かす物質が見つかった）。

レビュー

※**ノーベル賞受賞者たちが捨てなかった偶然**

　セレンディピティとは、何かを探しているうちに、もともと探していなかった別の価値があるものを偶然見つけること。また、より広い意味では、偶然によって価値あるものを見つけることをいう。

　ヴィルヘルム・レントゲンは陰極線の研究中に、机の上の蛍光紙の上に暗い線が表れたのに気づき、この現象をさまざまに条件を変えて調

067　　　　　　　　　　　　　　08 SERENDIPITY CARDS

ドイツの物理学者ヴィルヘルム・コンラート・レントゲン。彼が発見したX線はベクレルの放射能の発見やトムソンによる電子の発見の直接の契機となった。この近代物理学の幕を開き、医療にも貢献した発見に対して1901年に最初のノーベル物理学賞が与えられた。

べることで、（元の研究テーマとは違う）X線を発見した。

レーダー用のマグネトロンの量産に取り組んでいたパーシー・スペンサーは、ポケットに入れておいたチョコレートバーが溶けていることに気づき、これをきっかけに電子レンジを発明した。

単なる偶然ではなく、研究中の（本来なら避けるべき）失敗から、発見や発明につながることもセレンディピティと呼ばれる。

サンプルで取り上げたリゾチームやペニシリンの発見の他にも、間違えてグリセロールとコバルトを混ぜてしまい「捨てるのも何だし」と実験したところ、レーザーによるタンパク質の気化・検出に世界で初めて成功した田中耕一（2002年、ノーベル化学賞受賞）や、触媒の濃度を1000倍にするという失敗をきっかけに溶媒濃度を大幅に上げて実験を繰り返しポリアセチレンの薄膜化に至った白川英樹（2000年、ノーベル化学賞受賞）など数多い。

パーシー・L・スペンサーはアメリカ合衆国の技術者・発明家。レイセオン社でマグネトロン（レーダーの中核機構としてマイクロ波を発生する）の製造工程の改善に取り組んでいたスペンサーは、仕事中に偶然ポケットに入っていたチョコバーが溶けていたことから、マイクロ波を調理に使う電子レンジを思いついた。

※「セレンディピティ」の生みの親

　科学上の発見や発明について、セレンディピティという語が使われるようになったのは、アメリカの社会学者ロバート・マートンによる。

　1945年、マートンは科学者自身にとっても予想外の偶然が発見や発明のきっかけとなる例が少なくないことに注目し、論文として発表しようとしていたが、この現象にぴったりくる言葉をなかなか思いつけずにいた。

　そんなとき、別の言葉を調べるためにオクスフォード英語辞典を手にしたマートンは、たまたま「偶然と察知力によってあてにしないものを発見する才能」という意味の語に目をとめた。辞書によれば、ホレス・ウォルポールが1754年につくった造語で、ウォルポールが子供の

Thema	セレンディピティとその活用
Hypothesis	セレンディピティの活用により発見を促進できる
Who	H. ウォルポール
What	3人の王子の意見
When	1754年1月28日
Where	セレンディップ王国
Why	思いがけない発見
How	偶然の作用力を活かす
Result	多くの人が体験し共感する。体験の論理的支援

[＊1] マートンは、のちに社会学の共有財産となる多くの概念を提案しているコンセプトメーカーであり、また科学社会学という分野のパイオニアでもあった。たとえば、「予期せざる結果」「自己成就的予言」「機能−逆機能」や「機能的代替物」「機能的等価」といった概念はマートンによるものであり、科学社会学でも、「マートン・ノルム」や「マタイ効果」という概念を提案している。「セレンディピティ」はマートンの貢献の中でも最も知られた言葉となったが、今ではマートン自身よりもポピュラーとなってしまい、セレンディピティが取り上げられても、マートンの貢献は紹介されないことが多い。

08 Serendipity Cards

ときに読んだ『セレンディップの3人の王子（The Three Princes of Serendip)』という童話にちなんだものだという。これこそマートンが探していた言葉だった [＊1]。

❖ 偶然を生かす努力と才能

　セレンディピティの幸運をつかんだ彼らに訪れた偶然には、他の人たちも体験したようなよくある出来事や、普通は避けるべき失敗などが含まれる。リンゴはニュートン以外の人の前でも数限りなく落ち続けたし、実験材料を混ぜ損なううっかり者は、田中や白川の研究室以外にも当然いた。彼らは幸運な偶然に恵まれただけでなく、それを見逃すことなく捕まえ、その後もしつこく追究したために成功したのである。

　偶然を活かすには、その偶然が取り上げるに足る意義をもつものであると察知できるほどの準備・蓄積が必要であり、加えて偶然という種が花開くまでその可能性を追究する努力が不可欠である。

　セレンディピティという言葉の意義は、そう名付け、〈言挙げ〉することによって、いつ偶然に見舞われるかもしれない人々に、それに気づくための注意を促し、偶然への感受性を高めることにある。そして、失敗からも何かを得ようとするマインドを、わずかな気掛かりであっても気が済むまで探求することを許す勇気を、与えてくれる。

　セレンディピティ・カードの意義もまた、この延長線上にある。セレンディピティという言葉が開いた可能性をさらに押し開き、偶然や失敗に注視しようとする我々を支えるところにある。

　セレンディピティ・カードは繰り返し使うことで、偶然を蓄積しつつ、我々の偶然へのアンテナを強化してくれる。効果はカードが蓄積するほど増加する。マートンの言葉でいえば一種のマタイ効果 [＊2] が働くのである。

[＊2] マートンは、条件に恵まれた研究者は優れた業績をあげることでさらに条件に恵まれる、という増幅的フィードバックを指摘し、新約聖書の「おおよそ、持っている人は与えられて、いよいよ豊かになるが、持っていない人は、持っているものまでも取り上げられるであろう」（マタイ福音書第13章12節）から借用してこのメカニズムを「マタイ効果」と命名した。

09 フィンケの曖昧な部品
創造性の実験から生まれたビジュアル発想法

難易度 💡 💡 💡 💡 💡

開発者
ロナルド・フィンケ（Ronald A. Finke, 1950 - 2015）

参考文献
Finke, R. A. (1990). Creative imagery: Discoveries and inventions in visualization. Psychology Press.

用途と用例
◎ 自分の創造性をチェックする。
◎ 目的への固執をリセットする。

レシピ

1 以下の15の部品から3つをランダムに選ぶ。

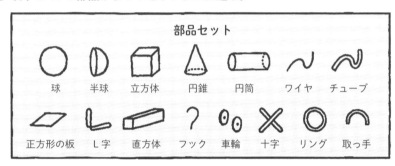

2 選んだ部品を組み合わせて（部品を回転や拡大・縮小させてもよい、同じ部品を複数回使用するのも可）、できるだけ自分にとって「面白い」形をつくり、紙に描き出す。

☞ この段階では何を表すか考えない。また一度書き出したら、これ以降は変更しないこと。

3 描き出した形に名前をつける。

☞ ① 何かの発明品であると考えて、用途と各部分の機能を考えて、発明品に名前をつける。

② 何かの分野の抽象概念を図式化したものだと想定して、各部分を表すものと考え、全体の概念名をつける。1つの図形についていくつも考えてよい。

サンプル

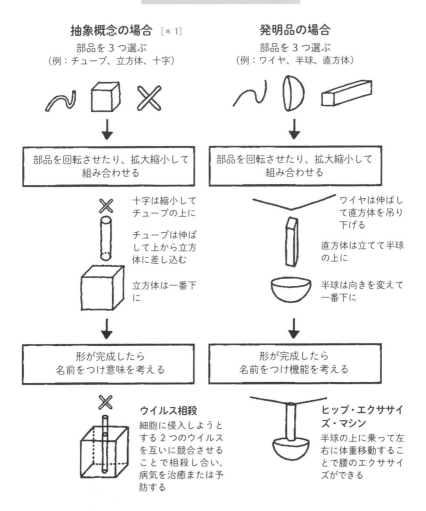

[＊1] サンプルの出典はいずれも、Finke, R. A. (1990). Creative imagery

09 FINKE'S AMBIGUOUS PARTS

レビュー

※ 実験でアイデアに迫る

「フィンケの曖昧な部品」は、創造性研究の実験アプローチから生まれたビジュアル発想法である。さまざまに解釈できる単純な部品を組み合わせ、出来上がった形に解釈を加えることでアイデアを得る方法である。

アイデアについては、あらかじめ正解を用意しておいて答え合わせができないために（よいアイデアとはしばしば事前の想定を超えるものである）、文章理解や問題解決といった分野に比べて、実験による研究は後れをとることになった。

実験が導入されるまでの創造性研究は、創造的であることにケチをつけようがない人たち（世に知られた芸術家や科学者）やその業績についての事例研究が中心で[＊2]、創造性とは特別な人だけがもっている才能であるとする通説を払拭するに至らなかった。

その後、アイデアの評価法や実験のセッティングが工夫されて、アイデアを生むプロセスについて実験のメスが入ることとなった。ここで紹介されるフィンケの曖昧な部品は、そうした初期の実験に由来するものである。

※ 天才の発想法から凡人の発想法へ

創造性の実験的研究は、対象を特別な人たちから普通の人たちへ移すものでもあった。被験者として集められたのは、取り立てて創造性を発揮しているクリエイターたちではなく、ごく普通の人たちだった。彼らのほとんどは、自分が創造的な人間だと思っておらず、またアイデアを生むには特別な才能が必要だとも信じていた。アイデアを生み出す実験

[＊2] 邦訳のあるものでは、『三十八人の天才たち——その創造過程』（ギースリン、新樹社、1975）、『数学における発明の心理』（アダマール、みすず書房、1990）、『芸術，精神そして頭脳——創造性はどこから生まれるか』（H. ガードナー、黎明書房、1990）等がある。

だとわかると、自分には無理だからと断固として拒否する人もいた。

しかし、あえて「創造的なものをつくれ」と指示されることもなく、与えられた時間は短かったにもかかわらず、ほとんどの参加者は複数の形を完成させ、その3分の1は独創的なパターンをつくり出した。これは被験者自身の想像を超えた結果だった。自分の創造性に驚いた被験者の一部は、実験で自分が生み出した形から得たアイデアを「実用的な発明になるよう実験後も考え続けてもいいだろうか」と実験者に許可を求めるほどだった。

✴ 何がよいアイデアを生み出すのか？

さまざまに条件を変えて実験は繰り返されたが（これこそ実験的アプローチの利点である）、その結果、創造的と評価されるアイデアが生まれる条件がいくつか判明した。

まず、(a)あらかじめテーマを設定して、それに沿ってアイデアを生み出すよりも、テーマ設定を後回しにするほうが、創造的な結果がより多く得られることがわかった。

また、(b)組み合わせに使う3つの部品を自分で選ばせるよりも、ランダムに決定して押し付けるほうが、創造性が高い結果が得られることもわかった。

さらに(c)誰かが組み合わせた形を解釈するよりも、自分で組み合わせてつくった形を解釈したほうが創造的なアイデアにつながることもわかった。

(a)の結果は、アインシュタインが創造的思考に重要だと考えた「組み合わせ遊び」の有効性を示すものである。アインシュタインはとくに目的もなく言葉や概念を組み合わせて、気に入った組み合わせができると、今度はそれはどういうものかじっくり考えてみる遊びを好んだ。

(b)の結果は、使い慣れた思考や思いつきやすい既存のパターンを捨

てて、今までとは違った考え方を強いられることが創造的な結果につながることを示している。これはランダム刺激（→48ページ）の有効性の根拠でもある。

　部品を自由に選べず、与えられた部品を組み合わせなければならないが、その結果、自分にとっても見慣れぬパターンを得ることにつながっている。

　(c)の結果は、〈自分にとって〉という側面が重要であることを示している。これはブレインストーミングのような集団的な創造手法が、喧伝されるほど有効でない理由の1つである。ヒトは、他人が出したアイデアの素材を解釈して、創造的な結果を出すのを苦手とするらしい。自分がつくり出したパターンは、他人がつくったパターンより解釈しやすい。これはいつもと違う考えを強いるにせよ、純粋にランダムな刺激よりも、自分が関与したパターンのほうが創造性につながるということである。

クルーズ中のドイツ出身の理論物理学者アルバート・アインシュタインと妻のミレーバ・マリッチ。
1905年、ブラウン運動の理論的解明、光量子仮説、特殊相対性理論、質量とエネルギーの等価性に関する論文を次々と発表。いずれも物理学史上画期的なものとして評価された。1915年、一般相対性理論を完成。その理論からの帰結の1つである重力場による光線の屈曲現象が日食観測の際に確かめられたことによって、その名は爆発的に世界に知られるようになった。光電効果の法則の発見に対して1921年ノーベル物理学賞受賞（写真：dpa/時事通信フォト）。

SITUATION APPRAISAL

10
ケプナー・トリゴーの状況把握

直感を思考のリソースにする、懸念の棚卸し法

難易度 💡💡○○○

開発者
チャールズ・ケプナー（Dr. Charles Kepner, 1922-）
ベンジャミン・トリゴー（Dr. Benjamin Tregoe, 1927-2005）

参考文献
『新・管理者の判断力——ラショナル・マネジャー』（C.H. ケプナー、B.B. トリゴー、産業能率大学出版部、1985）

用途と用例
◎ 問題を発見する。
◎ 懸念・不安を明確化する。

レシピ

1. 「気になっていること」「おかしいと感じていること」「こうあってほしいと思っていること」を思いつくかぎり列挙していく。

2. 範囲の大きな関心事、複雑な関心事については、分解し、具体化／詳細化して、関心事の欄に書き足す。

3. 書き出した関心事のそれぞれの重要性、緊急性、影響性について高・中・低の3段階で評価していく。

4. 3の評価に基づき、取り組む順序（優先順位）を決める。

5. まず分析が必要な課題か、それとも行動に取り組むべき課題かを決める。

6. 順序と課題に基づき、具体的な予定（開始と締め切り）を決める。

サンプル

『新・管理者の判断力——ラショナル・マネジャー』にあげられた例から、紙器メーカーにクレームの電話が入った際に行われたSA（Situation Appraisal）の例を表にまとめてみた。

1. ここでの懸念は、目下直面しているクレームそのものである。
2. クレームには複数の要素が絡まり合っている。ここではそれを6つに分解して明確化した。
3. 6つの関心事について、重要性、緊急性、影響性について高（H）・中（M）・低（L）の3段階で評価していく。

明確化と分解	重要性	緊急性	影響性	優先順位	課題	予定
顧客は落胆し怒っている	M	H	L	4位	顧客の目下の窮地を救い、必要なら損害の補償が必要	（損害補償の許可と原因究明の後）
新しい段ボールが必要である	H	H	H	1位	在庫確認と品質チェックが必要	すぐに工場に連絡する
損害補償の必要がある	H	M	H	2位	本社の承認が必要	すぐに工場に連絡する
損害の原因究明が必要である	H	L	H	3位	生産〜販売〜顧客の使用まで調査と確認が必要	・顧客に段ボール箱の扱いに問題がなかったかを確認する ・生産過程で何か変更がなかったかを確認する
顧客が満足する是正措置が必要である	H	M	M	3位	原因究明を踏まえた再発防止の対策が必要	（原因究明の後）
同じ問題が他の顧客に生じていないか確認する必要がある	H	L	H	3位	他にクレームが入っていないか確認することが必要	すぐに工場に連絡する

10 SITUATION APPRAISAL

4. 3の評価に基づき、取り組む順序（優先順位）を決めた。最優先事項は、新しい段ボール箱（もちろん不具合のないもの）を用意すること、それから損害補償の許可を得ることである。
5. すぐに行動すべきものと、まず調査すべきもの（行動はその後）を分けていく。
6. それぞれの具体的な予定を定める。ここではすぐ取り掛かるものと、ある行動の後に行うべきものを決めていった。

レビュー

※ 懸念・関心の棚卸しとしてのツール

　KT（ケプナー・トリゴー）法のSA（Situation Appraisal）は、状況を整理して課題を特定するために行う、懸念・関心の棚卸しの方法である。

　曖昧で混じり合う懸念・関心を切り分け、明確化し、評価し、順序づけし、必要ならKT法の他の分析手法（PA 問題分析、DA 決定分析、PPA 潜在的問題分析）[*1]に橋渡しするハブの機能を担うものである。

　まずSAによって、現在自分が抱えている問題の重大さや期日などから、順位づけを行い、その問題の種類によってPA、DA、PPAを使い分けるわけだ。

※ パニックに陥らないために

　我々の心を悩ます懸念や、心を捉える関心は、互いに混じり合い、複

[*1] 社会心理学者のチャールズ・ケプナーと社会学者のベンジャミン・トリゴーは、空軍における意思決定プロセスを分析する過程で、優秀な士官は等級に関係なく行動を取る前に必要な情報を集め、整理、分析していることに気づき、その問題解決と意思決定の思考プロセスを体系化した。彼らは、問題解決における思考・行動のパターンは、次の4つの質問に分類できるとして、これに対応する次の4つのプロセスをまとめた。状況把握（何が起きていて何をすべきか？）、問題分析（なぜ起きたのか？）、決定分析（どのように対応すべきか？）、潜在的問題分析（何が起きそうか？）。

雑に絡み合っていて、輪郭もはっきりしないことが少なくない。

　直感のアラームが、何かが起こっていること、何かしなければならなそうなことを知らせてはいる。しかし、それが何なのかが明確化できないと、条件反射的に目についた問題をモグラ叩きして回るか、最悪な場合は右往左往するかパニックに陥るしかない。

　KT-SAは、KT法だけでなく、自分のはっきりしない懸念／関心を切り出し、他の問題分析法を含むあらゆる思考ツールへとつなぐ役割を果たしてくれる。

　これは、自分の直感のアラームを、思考資源（リソース）化するツールである。

❖ 高い問題発見力が豊かな創造を生み出す

　問題を見つけだす能力は、正解のある問題を解決する能力はもちろん、正解のない／少なくとも後にならないと正解かどうかわからない問題解決（新しいアイデアが必要とされるのはこうした場合においてである）、つまり創造性が必要となる問題解決においても重要である。

　ある人が創造的かどうかを知るには、ギルフォード[*2]のいう発散思考（さまざまな解決の可能性を必ずしも論理的にではなく広く探る思考法）がどれだけできるかではなく、その人が日常生活の中でどれだけ問題を見つけ、切り出してこられるかを見るほうがよくわかることが実験的に示されている[*3]。

　創造性と問題発見（problem finding）の関連を、経験データをもって最初に示したのは、のちにフロー体験の概念で知られるようになる心理学者ミハイ・チクセントミハイである[*4]。

　彼は学位論文の元になった研究で、美術学校の学生を対象に次のよう

[*2] Guilford, Joy Paul（1897-1987）は、精神測定法の研究、とくに独自の知能構造論を提案したことで知られるアメリカの心理学者。拡散的思考、収束的思考の概念を含む知能構造論は、創造的思考の研究に多くの示唆を与えた。

[*3] Okuda, S. M., Runco, M. A., & Berger, D. E. (1991). Creativity and the finding and solving of real-world problems. Journal of Psychoeducational assessment, 9(1), 45-53

[*4] Getzels, J. W., & Csikszentmihalyi, M. (1976). The creative vision. New York: Wiley.

10 SITUATION APPRAISAL

な実験を行った。

　27種類のオブジェを与え、オブジェを好きに組み合わせてから絵を描かせるようにしたところ、学生は対照的な2つのグループに分かれることがわかった。1つはさっさとオブジェを組み合わせて、それを絵にすることに時間の大部分を費やすグループ。もう1つはオブジェを一つひとつ眺めたり、組み合わせ方をいろいろ試したりして、絵を描き始めるまでに時間の大部分を使うグループである。

　そして講師陣に出来上がった作品を評価してもらったところ、絵を描き始めるまでに多くの時間を使ったグループのほうが評価が高かった。

　また学生の卒業後を追跡調査したところ、卒業生の半数は絵を描くことを止めていたが、残り半分は芸術家として成功をつかんでいた。成功者たちは学生時代、描くべきものを見つけるために時間を使った人たちだった。

SPACE/TIME GRID

11
空間と時間のグリッド

異なるスケールを探索し、
問題とその兆しを察知する

難易度 💡💡💡 💡 💡

開発者
ディヴィッド・セルビー（David Selby）
グラハム・パイク（Graham Pike）

参考文献
『地球市民を育む学習』（グラハム・パイク、ディヴィッド・セルビー、明石書店、1997）

用途と用例
◎ 問題発見力を高める。
◎ 自分と社会、世界の関連を意識する。

レシピ

1 大きな紙（あるいはエクセルなどの表計算ソフト）を用意して、次のような表をつくる。

☞ 横軸は今日を起点とした未来への時間、縦軸は自分を中心とした空間の広がりとなっている。

	今日	1日後	1週間後	1カ月後	3カ月後	半年後	1年後	5年後	10年後	30年後
自分										
家族										
地域										
職場・学校										
日本										
世界										

2 この表のマス目を埋められるところから埋めていく。

☞ たとえば「半年後」と「日本」の軸が交わるマス目には「半年後の日本」がどうなっているかを考えて書く。

時間的には今に近いほど、空間的には自分に近いほど想像しやすいので、「1日後の自分」あたりから始めるといい。日本や世界の欄は、今日の新聞を用意して、気になったニュースを選んで「今日の日本」「今日の世界」の欄から埋めるとよい。

❸ いくつかの欄を埋めて、互いに関連する事項を発見したら、矢印で結んで、異なる次元で起こる出来事がどのような影響を及ぼすか、簡潔に記す。
☞たとえば国レベルで来週起こると予想した出来事が、3カ月後には家族に影響を与えるかもしれない。

❹ この表は過去にも広げることができる。今日を中心にして、たとえば以下のような表をつくる。
☞過去の欄を埋めるには、年表が役に立つ。過去の欄を埋めて、異なる次元で起こる出来事がどのような影響を及ぼすかを示す矢印を引いてみると、未来の欄を埋める練習にもなる。

	30年前	10年前	5年前	1年前	3カ月前	1カ月前	1週間前	1日前	今日	1日後
自分										
家族										
地域										
職場・学校										
日本										
世界										

❺ つくった表を数カ月後ごとに見直して、立てた予測をチェックしたり、新たに時空グリッドをつくり直す。

サンプル

EU 離脱を決めた日にイギリス在住の人が書いている途中の〈空間と時間のグリッド〉

	今日	1週間後	1カ月後	1年後	5年後
自分	投票	求職中	新職場で動き出す	転職？	
家族		輸入品買い溜め			父リタイア
地域					
職場・学校					
日本	国民投票でEU離脱決定	ポンド急落	輸入品高騰	海外企業支店減	EU離脱
世界					

→ 直接的な因果関係である
⋯→ グリッドを書く中で発見し、行動に影響を与えたことを表している

レビュー

※ 自分と世界の相互連関から見えるもの

　この技法はもともと、グローバル教育 [*1] で用いられてきたアクティビティである。

　「自分」「家族」「地域」「職場・学校」「日本」「世界」という広がりの中で、

[*1] グローバル教育は、1970年代のアメリカにおいて提唱された、アメリカ中心主義を見直し、国際社会全体の中で教育を考えようという運動。その後、グローバル教育はイギリスなど欧州諸国に受け継がれ、相互依存の理解、地球的課題の理解、多文化教育などを含むものに発展した。

異なるレベルの出来事がどのように関連し合うかを意識しながら、未来を考えていくための技法である。

KT法のSA（→ケプナー・トリゴーの状況把握、77ページ）が、「今ここ」の懸念を軸に問題を発見していくのに対して、空間と時間のグリッドは取り扱う範囲を時間／空間的に広げている。そうした時間／空間の軸を導入したほうが、かえって「今ここ」で何が問題になっているのかが明確になる、という着想による。

実際、どの瞬間を切り取っても、その出来事は孤立して存在しているわけではない。過去の積み重ねを前提に、未来に影響を与えていく。そして、影響の範囲は、この地点だけに限られるわけがなく、互いに影響し合う出来事のつながりは、より大きなスケールへと広がっていく。モノと情報の行き交いが、かつてのどの時代よりも盛んな今日では、以前にも増して世界の相互連関は密接になっている。

したがって、「今ここ」の出来事だけを考えるよりも、より大きなスケールを視野に入れることで、思ってもみない影響からの不意打ちに備えることができる。

たとえば天気図が描けない時代には、嵐を予想するには空を見るしかなかった。現在では観測データが天気図や雨雲レーダー図の形で俯瞰でき、天気の移り変わりをより大きなスケールで考えることが可能である。大きな時間と空間のスケールで考えることは、ここまでいかなくとも同じ種類の効用がある。

大きなスケールからの影響は時間差で効いてくることがある。イギリスのEU離脱決定は、通貨レート等に即座に反映したが、これによって物価が上がり家計に影響が出るのはしばらく後であろう。空間と時間のグリッドでは、こうしたタイムラグを織り込むことができる。

11 SPACE/TIME GRID

※ 問題発見力を鍛えるツール

　空間と時間のグリッドの背景には「未来は誰かに用意されるものではなく、人の行動が未来を築き上げる」という世界観がある[*2]。

　自己関与感、自己効用感は、問題発見の能力と関係がある。「私はどうやっても何事もできず、ただ周囲からやられっぱなしで、世界からの刺激を受け取るだけの存在である」という信念の中に埋没していれば、自分から問題把握に努め、世界の混沌から問題を発見し、切り分けることはできないだろう。

　また無力感の裏返しである全能感に浸っていては、あまりに単純に世界を塗りつぶしてしまい、創造的な思考は育つことがないだろう。

　問題とその兆しを察知し、アクティブに働きかけ、被害を受ける存在であることから脱したよき問題発見者（good problem-finder）はまた、優れた問題解決者（good problem-solver）であることが知られている（→ケプナー・トリゴーの状況把握、77ページ）。

　空間と時間のグリッドは、問題発見のツールであると同時に、問題発見者を育て、鍛えるための機会でもある。

[*2] 近代的発想法の始祖でもあるジャンバッティスタ・ヴィーコは「人が真に理解できるのは人間がつくるものだけである」として、創造と認識を重ね合わせる独自の認識論を展開したが、人のつくり上げる社会と歴史の認識を第一に置き、歴史哲学の嚆矢ともなった。

12 事例ーコード・マトリクス

質的データを深掘りし仮説を見いだす

難易度 💡💡💡💡💡

開発者
佐藤郁哉

参考文献
『質的データ分析法———原理・方法・実践』(佐藤郁哉、新曜社、2008)

用途と用例
- ◎ 事例やテキストのような質的データを詳細に分析する。
- ◎ 事例やテキストのような質的データから仮説を発見する。
- ◎ インキュベーション(アイデアのひらめき、育成)のための仕込みを行う。

レシピ

1 **分析対象となるテキストデータを用意する。**
☞ 書籍・雑誌・新聞記事、アンケートの自由記述、事例報告、観察記録、インタビューを文字起こししたものがよく使われる。

2 **テキストデータをセグメントに分割する。**
☞ 分割するサイズは、どんな目的の分析をするかによるが、概ね1つの事項、1つのアクションを表すものを1つのセグメントとする。これは、文の区切りと一致しない場合も少なくない。たとえば話し言葉をテキスト化した場合、一文としての区切りがないまま、複数の事項が語られる場合もあれば、言い直しや繰り返しで同じ事項についての言及が続く場合もある。

3 **1セグメントごとにその内容を要約するコードをつける**（定性的コーディング）。

4 **セグメント×コードのマトリクスをつくる。**
☞ すべてのセグメントにコードがつけ終わったら、類似のコードが隣り合うか近くに集まるように全体を並べ替える。
その後、類似のコード同士をまとめることのできる、より抽象度の高いコード（概念的コード）を考える。
セグメント×概念的コードのマトリクスにまとめ直したら、同じ概念的コードをもつセグメントが隣り合うか近くに集まるように並べ替える。

5 **マトリクスを検討する。**
☞ マトリクスを横に見ていくと、個別の事例（セグメント）がどのよう

なコード／特徴をもっているかがわかる。
マトリクスを縦に見ていくと、複数の事例（セグメント）に共通する／相違する特徴や側面がわかる。

サンプル

「古池や蛙飛び込む水の音」の特異性を明らかにする

「古池や蛙飛び込む水の音」はかなり変わった俳句である。事例－コード・マトリクスを使い、古今の「蛙（かえる）」が登場する和歌や俳句と比較してみよう。

次の表は歴史順に和歌と俳句を並べて、それぞれ何を歌っているかをコード化したものである。

事例	作者	コード
水口に我や見ゆらむかはづさへ水の下にて諸声になく	伊勢物語作者	水口、水、なく
宵ごとにかはづのあまたなく田には水こそまされ雨は降らねど	伊勢物語作者	田、雨、なく
かはづなくゐでの山吹ちりにけり花の盛りにあはまし物を	古今和歌集：詠み人しらず	山吹、花、なく
古池や蛙飛び込む水の音	芭蕉	古池、水、飛び込む
月に聞て蛙ながむる田面かな	蕪村	月、田、(眺め＋聞く＝蛙とその鳴き声)
閣に座して遠き蛙をきく夜哉	蕪村	閣、夜、(蛙〈の鳴き声〉を聞く)
いうぜんとして山を見る蛙哉	一茶	山、見る
やせ蛙負けるな一茶これにあり	一茶	作者（一茶）、(たたかう？＝蛙の合戦＝鳴き競うこと？)
夕月や田舟めぐつて鳴く蛙	正岡子規	月、田、鳴く
門しめに出て聞て居る蛙かな	正岡子規	門、(門を閉めに出た人が聞いているのは蛙の鳴き声)
こだまする蛙の中の坊泊り	阿部みどり女	坊、(こだまするほど、鳴いている)
昼の酒濁世の蛙聞きながら	飴山實	酒、(聞いているのは蛙の鳴き声)
山蛙けけらけけらと夜が移る	臼田亜浪	山（山蛙＝アカガエル）、夜、(けけらは、鳴き声の形容)

第3章　問題を察知する

12 CASES/CODES MATRIX

コードを「蛙の行動」「場所」「時間」「（蛙以外の）登場物」に分類し、ソートをかけたものが以下の表である。

　まず気づくのは、芭蕉の句以外、すべての和歌・俳句で、蛙は鳴いていることである。今でも蛙は春の季語であるが、これは冬眠から覚めた蛙が繁殖するため、雌を引きつけようと雄が水辺に集まって盛んに鳴くところからきている。蛙の鳴き声は古くから人々に注目され、交尾のため群れ、鳴き騒ぐのは〈蛙の合戦〉と考えられた（一茶のやせ蛙も相撲をとっているわけではなく、この考えを下敷きに、鳴き競っているのである）。江戸

事例	作家	蛙の行動	時間	場所	登場物
古池や蛙飛込む水の音	芭蕉	飛込む	昼？	古池	水音
水口に我や見ゆらむかはづさへ水の下にて諸声になく	伊勢物語作者	鳴く	？	水口	
かはづなくゐでの山吹ちりにけり花の盛りにあはまし物を	古今和歌集作者：詠み人知らず	鳴く	？6月頃	ゐで（井出）	山吹の花
昼の酒濁世の蛙聞きながら	飴山實	鳴く	昼	？	酒
いうぜんとして山を見る蛙哉	一茶	鳴く	昼？（山が見えるので）	山？が見えるから里？	
やせ蛙負けるな一茶これにあり	一茶	鳴く	昼？（蛙が見えるので）	？	（他の蛙？）
閣に座して遠き蛙をきく夜哉	蕪村	鳴く	夜	閣	
山蛙けけらけけらと夜が移る	臼田亜浪	鳴く	夜	山？	
月に聞て蛙ながむる田面かな	蕪村	鳴く	夜	田	月
夕月や田舟めぐつて鳴く蛙	正岡子規	鳴く	夜	田	月
門しめに出て聞て居る蛙かな	正岡子規	鳴く	夜（門を閉めるので）	門	
宵ごとにかはづのあまたなく田には水こそまされ雨は降らねど	伊勢物語作者	鳴く	夜（宵）	田	雨
こだますや蛙の中の坊泊まり	阿部みどり女	鳴く	夜（泊まりなので）	坊	

時代には、蛙の中でもとくに声がよいカジカガエルを飼育して、その鳴き声を楽しむことが流行した。

次に気づくのは、古今の和歌・俳句を通じて、蛙が登場するのは夜であることである。これも蛙の習性からいって正しい。

この2つを組み合わせると、蛙は夜に鳴くことからして、姿を見せるより鳴き声を聞かせるものであり、見えなくともその存在が確かに知れる聴覚的キャラクターである。蛙が山を眺めていたり、作者が蛙を見ている一茶の視覚的な句も、かなり変なのだ。

芭蕉の句は、それ以上に変わっている。ここでは蛙は鳴かない。鳴き声という蛙の確かな存在を告げる音とは対照的に、聞こえる音は蛙が水に飛び込んだ水音だけだ（濃い矢印）。

何かが水に落ちた音だけで、それが蛙であったと判断するのはほとんど不可能である。だから芭蕉は蛙を見ていないといけない。すると時間は蛙が見える昼間ということになる（薄い矢印）。ここで詠まれるのは、和歌・俳句の伝統に沿った聴覚的な蛙ではなく、視覚的な蛙である。

しかし実を言うと、何人かの論者が指摘するように、蛙は水に飛び込んだりしないのだ。蛙は逃げるために飛び跳ねるし、跳ねた先が水辺であることはありえる。しかし自分から水に入るときは飛び込んだりせず、水際からス

松尾芭蕉は江戸時代前期〜中期の俳人。蕉風と呼ばれる芸術性の極めて高い句風として世界的にも知られる、俳諧文学の頂点に立つ俳諧師。各地を旅行して『野ざらし紀行』をはじめ『更科紀行』『奥の細道』など多くの名句と紀行文を残した（写真：奥の細道行脚之図）。

カジカガエル。
美声で知られる渓流性のアオガエル科の一種。本州、四国、九州に分布し、鹿に似た美しい鳴き声から「河鹿蛙」と呼ばれ、古来日本人に和歌や俳句の題材とされた。庶民の間でも水鉢に飼われ、その美声が楽しまれてきた（写真：Daiju Azuma, http://opencage.info/pics/large_8972.asp）。

ムーズに音をさせず入っていく。何かが（芭蕉自身が？）蛙を驚かせたのでなければ、目で見たものを句にしたのではなく、ただ水音から蛙を強引に想像したことになる。

こうしてこの句の蛙は、再び聴覚的な蛙となるが、これは伝統的な聴覚的蛙とはまるで違うものである。騒がしい鳴き声ではなく水音を立てる蛙は、その奪われた鳴き声のために静寂を聞かせる蛙となる。

レビュー

※ 質的データを深掘りする技術

　事例－コード・マトリクスは、質的データを分析する際に用いられるツールである。

　数値データを含む量的データについては、統計手法やそれに基づく統計解析ソフトウェアがあり、一定の手続きに従って調査結果を分析することができる。また、文学作品やアンケートの自由記述のようなテキストデータを数量的に分析する手法も蓄積されている[*1]。

　しかし我々が直面する問題には、事例数が少なく十分な量的データを

[*1] たとえば『内容分析の方法』（有馬明恵、ナカニシヤ出版、2007）を参照。じつは質的研究についても、質的データ分析（QDA）ソフトが存在する。ソフトウェアの紹介と研究への使用については『QDAソフトを活用する実践質的データ入門』（佐藤郁哉、新曜社、2008）を参照。

得られないものや、特定の個別事象や主観的現象が対象で量的分析がそぐわないものも少なくない。

手元にあるものはフォーマットの整わない報告や観察記録という場合であっても、得られたデータを徹底的に活用・深掘りし、かすかな声を聞き分け、わずかな兆候を抽出するための手法の1つが、この事例－コード・マトリクスである。

そもそも分析困難な状況をなんとかして切り開く手法であるので、容易であるとはいえず、多くの経験とかなりの労力が必要である。

しかし、フルセットで行うことが大変でも、事例データをセグメントに分け、コードをつけながら読み返していく、という最初の段階を踏むだけでも、ただデータを眺めていただけでは得られない気づきやひらめきが多く得られる。

というのも、これはまさにポアンカレやヤングが言うインキュベーション（→ポアンカレのインキュベーション、296ページ）の前に行うべき〈データにとことんまみれる作業〉の、最も濃い方法であるからだ。

※ セレンディピティ・カードとの共通点と相違点

事例データの蓄積と再利用という点からは、事例－コード・マトリクスは、セレンディピティ・カード（→64ページ）と共通性をもつ。

セレンディピティ・カードはフォーマットをシンプルにし、記述と再利用を容易化することに重心が置かれているが、事例－コード・マトリクスは時間をかけて詳細に分析し、行動や現象の中に溶け込んでいる、いまだ言語化されていない知見を掘り出すことを目的としている。

P.K. DICK'S QUESTION

13
P.K. ディックの質問
常識と日常を叩き割る最凶の問い掛け

難易度 💡 💡 💡 💡 💡

開発者
フィリップ・キンドレド・ディック
(Philip Kindred Dick, 1928 - 1982)

参考文献
Sutin, L. (1989). Divine invasions: A life of Philip K. Dick. New York: Harmony Books.

用途と用例
◎ **自分の前提をリセットする。**
◎ **普段しないような思考を導く。**

レシピ

■「それは、本当は何なのか？」と自問自答する。

サンプル

実例：翌朝配達の運送システム

　現状の問題をスタートにして深掘りしていくのはもちろん、既存のアイデアをスタートにして、独自の発想を得るのにも、この問いは用いることができる。

　世界最大の貨物輸送会社フェデックスの創業者フレッド・スミスは、運送業の定義「荷物を運ぶこと」から出発し、「それは、本当は何なのか？」と自問自答することで「今すぐ必要な何かを予定の時間に確実に届けること」と再定義した。

　具体的には、アメリカの広大な国土のほぼ全域でオーバーナイトデリバリー（翌朝配達）を可能にするハブシステムを考案した。

　当時のコンピュータの稼働コストはバカ高く、1日でも故障で停止すると莫大な損失を生み出した。修理時間を最小化するためには、修理部品をただ運ぶだけの運送では不十分で、速さと確実性を実現する新しい方式が必要だった。

　新しい運送システムは、コンピュータの普及→修理需要の増大→修理部品の調達需要の増大を背景に大発展したが、修理部品以外にももちろん拡大運用し、貨物輸送全体をつくり替えていった。

フェデックス・エクスプレスの貨物航空機「マクドネル・ダグラス MD-11F」。フェデックス・コーポレーションは 220 の国と地域で取り扱いを行う世界最大手の宅配便・物流運輸会社に成長した。

実例：江坂遊の小説のモチーフのつくり方

スタートに用いるのは、ランダムな言葉の組み合わせでもいい。

日本唯一のショートショート専業作家である江坂遊は、『小さな物語のつくり方』（樹立社、2011）で、修飾語＋名詞のランダムな組み合わせから、ディックの問いを繰り返し使って小説のモチーフをつくり出す方法を紹介している。

たとえば、「呼びかける」＋「ゴミ」という組み合わせから、

- 「呼びかけるゴミ」って何よ？
- ゴミがしゃべるんじゃない？
- つまり意識というか自我をもっているゴミ。
- 自我があったらゴミはどうする？
- 文句の1つも言うんじゃないの？「よくもあたしを捨てたわね」とか。
- 訴えられるかもね、ゴミに。
- ゴミはいっぱいだから多勢に無勢だな、人の味方につくゴミはいないのか？
- ゴミが喋るくらいだから、他のものも喋るんじゃ？
- じゃあゴミの敵であるゴミ箱は人間側について「ゴミはゴミらしくゴミ箱に入っとれ」とか。
- 部屋をゴミ屋敷にしてたら、自我をもった部屋に訴えられて立ち退きを迫られる。…etc.

レビュー

※「ディック感覚」に陥れる危険な問い

　ディックの問いはとてもシンプルで、問うたことのない人はいないと思われるような、ありきたりなものだ。

　しかし、その含意とポテンシャルはディックの作品を読む者なら知るように、深刻で致命的である。

　なぜならこの問いは、我々が慣れ親しんできた日常や常識を叩き割り、

ディックの小説が掲載されたSF小説誌。
『The Defenders』は1953年「Galaxy Science Fiction」誌に掲載された短編小説。「地球防衛軍」という邦題で浅倉久志・訳が『永久戦争』(新潮文庫、1993)と『トータル・リコール』(ハヤカワ文庫SF、2012)に収録されている。またディックの長編『最後から二番目の真実』(1964)に流用されている。
『A Glass of Darkness』は1956年「Satellite Science Fiction」誌に掲載された中編小説。『宇宙の操り人形〈The Cosmic Puppets〉』(1957、朝日ソノラマ文庫〈1984〉、ちくま文庫〈1992〉) の原型となった。
『The World She Wanted』は1953年「Science Fiction Quarterly」誌に掲載された短編小説。「世界のすべては彼女のために」という邦題で橋本潤・訳が『PKD博覧会』(アトリエサード、1996)に収録されている。

剥ぎ取る問いであり、しかも何度も繰り返すことを強制するからだ。

ディックはインタビューの中でこう語っている。

「私は、作品の中で、宇宙を疑いさえする。私は、それが本物かどうかを強く疑い、我々すべてが本物かどうかを強く疑う」[＊1]

ディックの小説では、「現実」と「私（アイデンティティ）」の脆さ、不確かさが繰り返し取り上げられる。そこでは現実と悪夢が交錯し、両者の境界線が次第にかき消えていく。主人公はそれでも、自身を世界につなぎとめるかのように、事の真偽（こいつは本物の人間なのか？　これは本当の記憶なのか？　等々……）を問い求め続ける。

しかし、そうした努力をあざ笑うかのように、慣れ親しんできた「現実」は音を立てて崩れ、主人公は自分が拠って立つ基盤を、存在理由（レゾンデートル）を失い、深刻なアイデンティティ・クライシスに突き落とされる。

ディックの小説を読むものが経験する、終わりのない白昼夢にも眩暈にも似たこの現実崩壊の感覚は「ディック感覚」とも呼ばれる。

※ 道なき道にこそ宝物は落ちている

このような際どく危険な問い掛けがなぜ必要なのだろうか？

1つは、我々の創造性は、いつもの、おきまりの思考の舗装道路を通るときには抑制されることが実験により示されているからだ[＊2]。熟練した知の働きを一旦止めて、出会ったことのない奇怪で曖昧な何かを、なんとか読み解くところに新しいものは舞い降りる。

並の開拓者ならば道無き道を行くだろう。ディックの質問は舗装道路をわざわざ荒れ地に変えて進む。

[＊1] Bernstein, Richard (1991.11.3). "The Electric Dreams of Philip K. Dick". The New York Times Book Review.
[＊2] 日常的に繰り返される事象は、それを構成する出来事の連なりとして一種の台本（スクリプト）のような形で知識として格納されると指摘したシャンクは、Schank, R., & Childes, P. (1988). The Creative Attitude で、こうしたスクリプトはルーチン的な仕事を容易にするが、ほとんど自動的に用いられることから想像力と創造性を抑制することがあること、またスクリプトの無自覚な固守が問題に対する想像力を欠いた硬直的な対応をもたらすことを指摘している。

また「それは、本当は何なのか？」という問いは、太古から占いなどの象徴的思考の根底にあったものである。こうした問い掛けなしには、骨のヒビ割れに未来を読み取ることなどできるはずがない。
　ヒトは、ぬいぐるみに感情を、雨音にメロディを、骨のヒビ割れに神意を、夜空に散らばる星に神話の登場人物を、読み取る（あるいは投影する）、度し難い生き物である。人間の想像力は、意味の空白を嫌い、なんとかそれを埋めようとする。
　この世界が無意味なノイズ以外の何ものでもないことをディックの問いはほとんど暴力的に教え、押し付けてくる（繰り返し「本当は何なのか？」と問うていけば、ほどなく虚無的な答えに行き着く）。しかし、およそ意味など何もないところに意味を見いだす（あるいは押し付ける）ことを促すのも「それは、本当は何なのか？」という同じ問い掛けなのである。
　それゆえに、フォーカンシングで知られる心理学者ジェンドリンが開発した質的研究法 TAE（→TAE のマイセンテンスシート、30 ページ）にも、ディックの問いと同様の質問が、カテゴリーの再編成的発見をうながす契機として用いられる。

101　　　　　　　　　　　　　　　　　　　　　　13 P.K. DICK'S QUESTION

OHNO METHOD

14
なぜなぜ分析

トヨタ生産方式を産んだ
「カイゼン」由来の思考ツール

難易度 💡💡💡💡💡

開発者
大野耐一 (1912 - 1990)

参考文献
『トヨタ生産方式』（大野耐一、ダイヤモンド社、1978）

用途と用例
◎ トラブルの真の原因をつかみたいとき。
◎ 根本的な改良を追求するとき。

レ シ ピ

■ 1つの出来事・現象について「それはなぜか？」と自問自答することを5回繰り返す。

サ ン プ ル

実例：動かなくなった機械の問題点と解決策を導く

《なぜか？（1回目）》なぜ機械は止まったか？→オーバーロードがかかって、ヒューズが切れたからだ。

《なぜか？（2回目）》なぜ機械にオーバーロードがかかったのか？→軸受部の潤滑が十分でないからだ。

《なぜか？（3回目）》なぜ軸受部は十分に潤滑していないのか？→潤滑ポンプが十分汲み上げていないからだ。

《なぜか？（4回目）》なぜポンプは十分汲み上げないのか？→ポンプの軸が摩耗してガタガタになっているからだ。

《なぜか？（5回目）》なぜポンプの軸は摩耗したのか？→濾過器（ストレーナー）がついていないので、切粉が入ったからだ。

以上、5回の「なぜ」を繰り返すことによって、濾過器（ストレーナー）を取りつけるという根本的対策を発見できた。

これを1～2回の「なぜ」で止めてしまうと、対策はヒューズ

やポンプの軸の取り替えに留まってしまい、数カ月後に同じトラブルが再発することになる。

　大野たちは、トヨタの生産現場をこの手法で検討／改良しつづけ、「なぜジャスト・イン・タイムにものがつくれないのか？」「なぜつくり過ぎの無駄が生まれてしまうのか？」と「なぜ？」を重ねて、「目で見る管理」や「かんばん方式」にたどり着いた。

問題の原因を探るシンプルななぜなぜ分析の例

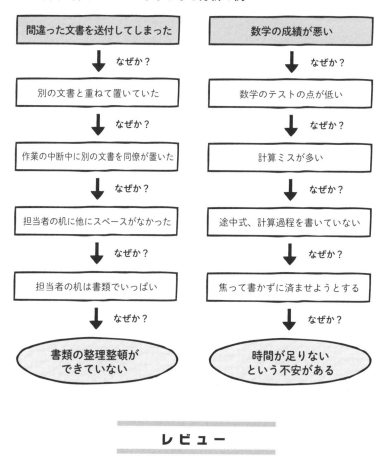

レビュー

※ヒトの性向に由来した問い

　アリストテレスは「ヒトは知りたがりの動物だ、それも理由を知りたがる動物だ」と言っている。彼は人間のこの「原因を知りたい」という

性向に沿って、自身の学問体系を組み上げようとする。

確かに「なぜ？」と問い、その答えを知りたがるのは、ヒトの自然な行動かもしれない。しかし、この話には続きがある。

ヒトは答えが得られそうになくても「なぜだ？」と問い、単なる偶然が引き起こした場合でも、「たまたまだ」「理由なんてない」という答えではなかなか満足しない。時には、ありもしない理由づけを欲しがり、得られると満足して問いを引っ込める。犯人探し、スケープゴート、……心当たりは多かろう。

なぜなぜ分析の、見かけ上の容易さは、知りたがり＋理由探したがりのヒトの性向に由来する。ヒトは物心ついた頃からずっと「なぜ？」と問い続ける。つまり誰もが日頃からやっていることなのだ。

ヒトはずっと「なぜ？」と問い続ける

※ より深い原因は、より広い範囲に影響

なぜなぜ分析の実行上の難しさもまたヒトの性向による。「なぜ」の答えが得られてもそこで留まらず、さらに問いを繰り返すのは、ヒトの

大野耐一は日本人の技術者、経営者。トヨタ自動車副社長、豊田紡績会長などを歴任。かんばん方式などトヨタ生産方式（Toyota Production System、略称TPS）を体系化した。写真は1977年、愛知県豊田市のトヨタ自工本社にて（写真：朝日新聞社/時事通信フォト）。

性向に逆らうことだからだ。だからこそ、普通には行きつけないレベル、現象を表面的に撫でていただけでは至れなかった領域にまで我々を連れて行くことができる。

　ディックの問い「それは、本当は何か？」が（→96ページ）、我々が世界を眺める現在のやり方にいきなりNOを突きつけてくるのに対し（「本当は何か？」という言い方は、今、目にしているもの〈世界〉が「本当ではない」と断定しているのだ）、なぜなぜ分析は誰もが慣れ親しんだ問い掛けを重ねることによって〈いつもの見方〉から離脱させる。

「なぜ？」を重ねて、出来事の原因を掘り下げていくと、問題の所在は自分の身の回り／受け持ち範囲を越えていく。より深い原因は、より広い範囲に影響を及ぼしているはずだから当然である。

　なぜなぜ分析は、部門やセクションごとの最適化が全体の最適化につ

ながらない、生産現場の問題解決を背景にしている。

　たとえば連続した2つの工程のうち、前段の工程の効率が2倍になったとしても、後段の工程が変わらなければ生産量は変わらない。この問題を解くのに「前段の工程がつくりすぎるからだ」「後段の工程の効率が悪すぎるからだ」という犯人探しのレベルに留まっていては、本当の解決にならない。

　なぜなぜ分析は視野の拡大をも要求しているのだ。

　多くの問題分析が複雑な問題を単純な部分に分解していくのに対して、「なぜなぜ分析」はシンプルな分析でありながら、全体は部分の総和以上のものであるというシステム分析の側面を併せ持っている。

❖「なぜ？」を記録する

　注意事項を1つ。

　物事の原因は常に複数あり、その一つひとつもさらに複数の原因があり、「なぜ？」を繰り返していくと検討しなければならない原因は倍々ゲーム的に、ねずみ算的に増えていく。つまり、すぐに自分の頭だけでは扱えない数になる。

　だから、なぜなぜ分析をやる際には、「なぜ？」の連鎖を書きつけて記録していくことが重要だ。そうしないと、たった一筋の原因しか追えなくなるか、5回も「なぜ？」を重ねる前に挫折してしまう。

　複数の原因を幾重にもたどるために、記録方法込みで実装化したのが、特性要因図（フィッシュボーン・ダイアグラム）である。他に、水平思考で有名なデボノが開発したコンセプト・ファン（→116ページ）や、手塚治虫のプロット創作法を基にしたテヅカチャート[*1]を使うこともできる。

[*1] http://readingmonkey.blog45.fc2.com/blog-entry-275.html（著者のサイト）を参照。

15 キプリング・メソッド

5W1H という万能思考

難易度 💡○○○○

開発者
ジョセフ・ラドヤード・キップリング
(Joseph Rudyard Kipling, 1865 – 1936)

参考文献
『なぜなぜ物語(世界名作童話全集 39)』
(ジョセフ・ラドヤード・キップリング、ポプラ社、1964)
『旧修辞学』(ロラン・バルト、みすず書房、1979〈新装版は 2005〉)

用途と用例
◎ 思考開始のスイッチを入れる。
◎ 混乱した際に思考を整理する。

レシピ

■ 直面した事態に混乱をきたしたり、何から考えればいいかわからない状態に陥ったら、5W1Hを思い出し、とにかく6つの問いに順番に答える。

| When（いつ？） | Where（どこで？） | Who（誰が？） | What（何を？） | Why（なぜ？） | How（どのように？） |

サンプル

新しい企画を立案する

　　　新しい企画をつくる場合、あなたは最小限でも次のことを確認しなければならない。

Why 企画の目的は？
Where 場所はどこか？
When いつやるのか？
Who 参加者は誰か？
What 何をやるのか？
How 具体的にどうやるのか？

さらに詳細に検討するためには5W1Hを二重がけするといい。

たとえば、単に「Whoだれが？」に答えて〈参加者〉が誰かについての答えを出すのに留まらず、次のように質問事項を詳細化するのである。

レビュー

※嘘をつかない6人の召使

　おそらく知らない人がいないほど普及している5W1H（いつ・どこで・誰が・何を・なぜ・どのように）という質問のセットは、英語圏ではしばしば the Kipling Method と呼ばれる。

　これは日本でも『ジャングル・ブック』などで知られるイギリスの作家ラドヤード・キップリングが、小さな子供向けにつくった『なぜなぜ物語〈Just So Stories〉』(1902)の「象のはなはなぜ長い〈The Elephant's Child〉」の中に出てくる次の詩に由来する。

I keep six honest serving-men
(They taught me all I knew);
Their names are What and Why and When
And How and Where and Who.（以下略）

『なぜなぜ物語』の中の「象のはなはなぜ長い」と「サイの皮はなぜ厚い」の場面をキップリングが描いた木版画。『なぜなぜ物語』は動物の体形や習性がなぜそうなのかをお話にしたキップリングの子供向け物語。生物の進化のもっともらしい"迷説"や"珍説"が並ぶため、生物の形質や行動をすべて適応的であると仮定して説明する適応主義を批判する際に、よくこの物語が引き合いに出された。キップリングのこの物語のように、Just-so-story（ただのお話）だ、いかにもそれらしいストーリーをつくるだけだ、と批判したのである。

吾輩には嘘をつかない6人の召使がいる。
（吾輩が知ることのすべては、この6人が教えてくれたのだ）
その者たちの名前は、What（何）とWhy（なぜ）とWhen（いつ）とHow（どのように）とWhere（どこ）とWho（誰）。

15 KIPLING METHOD

※ **思考のスイッチを動かす刺激**

　文章作成や情報取材のフレームワークとして、教育現場からビジネス・シーンまで広く用いられるこのメソッドは、大げさに言えば、人間が考えうる思考の枠組みを示している。

　名前も付けられないまま多くの人に日々実践されているが、もちろんその歴史はキップリングよりずっと古く、弁論術（レトリーケー）の伝統の中で育まれたトポス［＊１］の中でも最も息の長い手法であり、もともとは「どんなテーマでも論じられる」と主張した古代ギリシアのソフィストたちに由来する技である。

　複雑なアプローチが間に合わないか取り出す余裕のない場合でも、5W1Hならば使うことができる。思考停止しそうな土壇場でも、あるいは散々考えつくしてネタ枯れしたときにも、思考にスイッチを入れるきっかけとして用いられる。

　また、簡便かつ有用であることから、この方法は多くの思考技法にビルトインされている。本書で紹介したものではセレンディピティ・カード（→64ページ）やケプナー・トリゴーの問題分析（→121ページ）が5W1Hを内蔵している。

　事例をセグメントに分けて分析する事例 - コード・マトリクス（→89ページ）でも、コード付けの中で、セグメントごとにどのような属性を検討すべきかを考える際に5W1Hは導きの糸となる。

※ **ベルナール・ラミが選んだトポスとは？**

　思考の格子として一連の問いをテーマに投げかけるタイプのトポス

［＊１］古代の弁論術のトレーニングには、１つのテーマに対して、「誰が／何が？」「誰を／何を？」「どこで？」「誰の／何の助けで？」「なぜ？」「どのようにして？」「いつ？」という一連のトポスをめぐらせるものがあった。ここでいうトポスは、議論の材料を入れて整理する〈格子〉の役割を果たすものであり、それゆえ「場所」を意味するギリシア語〈トポス〉で呼ばれた。やがて時代が経ると、格子としてのトポスを埋める定番の〈内容〉をもトポスと呼ばれるようになった。英語で言うcommon place（決まり文句）は、ここからきている（『旧修辞学』ロラン・バルト、みすず書房、1979）。

は、何も5W1Hだけに限らない。アリストテレスは『トピカ』の中で膨大な数のトポスを分類整理している。その伝統から、とくに抽象的なテーマを扱うのに適した問いのセットをフランスの数学者ベルナール・ラミが選んでいる。

　類（何の一種か？）、種差（同類の中で他とどこが違うのか？）、定義（○○とは何か？）、部分（○○を構成する部分を列挙すると？）、語源（○○の語源は？）、相反（○○の反対は？）、結果（○○から生じるものは？）、原因（○○を生じさせるものは？）等。

　5W1Hが具体的なテーマを扱うのに有用であるのに対して、ラミのトポスは抽象的なテーマを論じる際に、たとえば与えられた（しかしよく知らない）テーマで小論文をでっち上げなければならないときになど役立つ。

第4章 問題を分析する

1892年に撮影されたラドヤード・キップリングの肖像。イギリス本土で教育を受けた後、インドに戻り、ジャーナリズムに身を投じ、短編小説を書くようになった。インドの風物の異国情緒を織り込んだ平易な文体で綴られる活劇は当時絶大な人気を誇った。1907年、41歳の史上最年少で、またイギリス人としては最初にノーベル文学賞を受賞。

15 KIPLING METHOD

CONCEPT FAN

16
コンセプト・ファン
水平思考の開発者による、思考の固着を剥がすスクレイパー

難易度 💡💡💡💡💡

開発者
エドワード・デボノ (Edward de Bono, 1933 -)

参考文献
De Bono, E. Serious creativity: using the power of lateral thinking to create new ideas. 1992 New York: HarperColins.

用途と用例
◎ 問題をより広い視野で捉え直す。
◎ 思考の幅を広げて代替案をつくる。

レシピ

❶ 紙の真ん中に最初の問題を書き、丸で囲む。

❷ そこから右側に放射線を描き、思いついた複数の解決策を線に沿って書く。
☞ この段階では解決策は実用的でもなければ、面白くもないものかもしれない。

❸ 問題をより広い展望で捉え直すために〈ステップバック〉を行う。
☞ 最初の問題について「その問題が生じたのはなぜか？」と問い、その原因や背景となっているより根源的な問題を、最初の問題の左側に書き、丸で囲む。

❹ ステップバックした問題から、右側に放射線を描き、思いついた複数の解決策を線に沿って書く。

❺ 必要なだけ、❸と❹を繰り返す。一歩ずつ、より深い問題へと視点を移し、その視点からの解決策を探っていく。

サンプル

公園をきれいにするには？

　　問題をより広い展望で捉え直す〈ステップバック〉は、環境問題の解決にとくに有効である。以下の例は、「公園が汚い」という最も身近な環境問題の解決策を考えるコンセプト・ファンである。

1. 最初の課題・問題を書く。
☞ 「公園が汚い」と書き、丸で囲む。
2. そこから右側に放射線を描き、思いついた解決策を線に沿って書く。
3. 問題をより広い展望で捉え直すために〈ステップバック〉を行う。
☞ 最初の課題「公園が汚い」から、「その問題が生じたのはなぜか？」と問い、その原因や背景となっている問題「ゴミが多い」「掃除が足りない」を左側に書いて丸で囲む。
4. ステップバックした問題から、右側に放射線を描き、思いついた複数の解決策を線に沿って書く。
5. 必要なだけ、3と4を繰り返す。
☞ 「ゴミが多い」からさらにステップバックして「外からゴミを

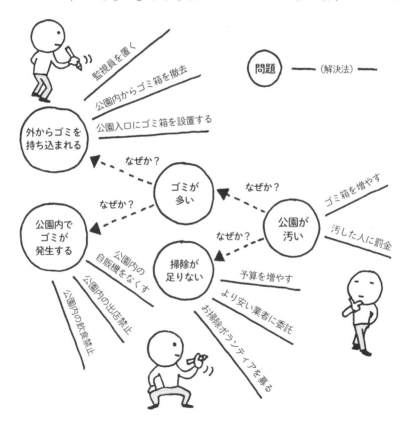

持ち込まれる」「公園内でゴミが発生する」を左側に書いて丸で囲み、そこからさらに解決策の放射線を描いていく。

レビュー

※ 固着を取り除く

　我々の創造性を押しとどめるのは1つは恐れ、もう1つは固着である。どちらも厄介なことには変わりないが、恐れはまだ自覚しやすいのに対して、固着は自分では気づきにくい。

　「真似をしろ」とわざわざ言わなくても、見本になりそうなものを少し見せるだけで、その後に生まれるアイデアは見本から強い影響を受けることが実験[*1]で示されている。見本がもつ特徴は、それが明らかに目的に反するものであっても、見本を見せた後に生まれるアイデアに非常に高い確率で受け継がれるのだ。

　見知らぬ人たちの中に知り合いを見つけたら、我々の注意はその人に

[*1] Jansson, D. G., & Smith, S. M. (1991). Design fixation. Design studies, 12(1), 3-11.

引き寄せられて、後になって他にどんな人がいたのか思い出せないことがあるが、ある記憶（今の例では知り合いの記憶）を思い出すことが別の記憶（それ以外の記憶）を思い出すことを邪魔するように、ある思いつきが別の思いつきを、ある観点が別の観点を抑制する。

多くの発想法が、こうしたアイデアや観点の固着をなんとかするために開発されてきたが（ポアンカレ以来、問題に打ち込んだ後に一旦そこから離れることで啓示を得るアプローチも固着をリセットする効用があることが判明している→ポアンカレのインキュベーション、296 ページ）、デボノのコンセプト・ファン（概念の扇）は、そのなかでも穏当で使いやすい手法である。

❖ 視野を拡大させる扇

〈問題をより広い枠組みにおいて考える〉というステップを図の形で書き残しながら進んでいけるのが、コンセプト・ファンの利点である。

始原や背景に立ち戻るだけでなく、そこから捉え直すことで見えてきたものを展開して、そうした探索の過程を扇状（fan）の図にして残していく。

大げさに言えば、大野耐一のなぜなぜ分析（→ 102 ページ）がもっていた可能性を、まるごと書き残した上で、そこで得られたより広い視野・観点から、解決のためのアイデアを生み出すところまでを一貫して取り扱えるフォーマットである。

打ち合わせ中のエドワード・デボノの様子。マルタ共和国出身のイギリスの医学者・作家。マルタ王立大学で医学を学び、ローズ奨学金を受けてオックスフォード大学に進み、心理学・生理学・医学を研究した。1967 年『The Use of Lateral Thinking』を刊行、水平思考（lateral thinking）を提唱し、一躍有名になる。これまでに 57 冊の著作を出版し 34 カ国語に翻訳されている（写真：Challenge Future）。

PROBLEM ANALYSIS

17 ケプナー・トリゴーの問題分析

Why（なぜ）を What / When（いつ何が）に変換する

難易度 💡💡💡○○

開発者
チャールズ・ケプナー（Dr. Charles Kepner, 1922-）
ベンジャミン・トリゴー（Dr. Benjamin Tregoe, 1927-2005）

参考文献
『新・管理者の判断力――ラショナル・マネジャー』（C.H. ケプナー、B.B. トリゴー、産業能率大学出版部、1985）

用途と用例
◎ 問題の原因を突き止める。
◎ 原因究明における認知バイアスを緩和する。

レシピ

1. 問題が生じたケース〈Is ケース〉と生じなかったケース〈Is Not ケース〉をどちらも集める。

2. 問題が起こったケースと問題が起こらなかったケースについて、4つの側面（What／When／Where／How Much）についてデータを書き出す。

3. 問題が起こったケースと問題が起こらなかったケースを比較し、それぞれの側面について相違点を書き出す。

4. 相違点を参考に、問題発生の原因について複数の推測を立てる。

5. 問題が起こったケースと問題が起こらなかったケースのすべての側面について、原因推測の一つひとつが成り立っているか否かをチェックする。

サンプル

工場の水漏れの原因を探る

　　問題の有るケースと無いケースについて4つの側面（What／When／Where／How Much）について組織的に比較することで、原因発見の端緒を見つけていく。

側面	確認事項	Is ケース	Is Not ケース	相違点
What	対象	1号機に故障あり	2~5号機、故障なし	2~5号機を比べたときに1号機にのみ水漏れ
What	現象	水漏れあり	水漏れなし	
Where	発生場所	工場の北東隅	どの場所にもなし	他と比べて1号機は工場の北東隅にある（他より給水ポンプに近い）
Where	発生箇所	清掃ハッチで	どの箇所にもなし	
When	年月日	3日前初めて	以前もなし	3日前は毎月の定期点検が行われ、部品の交換が行われた
When	時間帯	点検前に初めて	なし	
When	状況／条件	水が循環し出すとすぐに	なし	
How Much	数量	2~3リットル/時	なし	水漏れは増減せず、1リットル未満でも5リットル以上でもない
How Much	増減	変動ほぼなし	なし	
How Much	頻度	ずっと	なし	

　以上の検討から、給水ポンプからの近さ（圧力の高さ）から、他ではなく1号機に問題が発生したこと、取替部品に問題にあったかもしれないことが察知される。

<hr>

レビュー

※ 原因究明の罠

　前述したが、アリストテレスが指摘したように、ヒトは原因を知りたがる動物である。この傾向はとても強くて、相関関係（A が大きくなると B が大きくなる〈小さくなる〉、という場合の A と B の関係）がある場合はもちろん、本当は何の関係もない場合にすら、そこに因果関係を見つけてしまうことがある。

17 PROBLEM ANALYSIS

つまり原因を求めすぎるヒトの特性は、我々が日頃行う原因究明を誤らせるところにまで至っている。単純に「この問題の原因は何か？」と問うだけでは、ヒトはさまざまな認知の偏り（バイアス）の影響を逃れられないのだ [*1]。

※ なぜインチキ療法はなくならないのか？

たとえば回帰の誤謬（regression fallacy）と呼ばれるものがある。株価や慢性痛など、自然に変動するものは世界に数多いが、ヒトはこの変動が極端に上下どちらかに振れたときに行動することが多い。

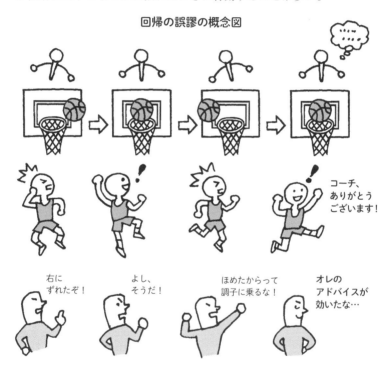

回帰の誤謬の概念図

[*1] 認知のバイアスについては、その第一人者が書き下ろした『ファスト＆スロー——あなたの意思はどのように決まるか？』（ダニエル・カーネマン、ハヤカワ・ノンフィクション文庫、2014）を参照。

子供の成績が下がれば注意したくなり、腰痛が酷くなれば治療したくなる。極端に振れた後は、変動は反対側に動き、平均的なレベルへと戻っていくのが普通だが（振り子も最終的には中心で止まる）、ヒトは自分の直前の行動が変動を変えたと錯覚する。子供を注意したことが成績を上げ、治療が（どんなにインチキで効果のないものであっても）腰痛を治したと思ってしまうのだ。

※ 〈Is ケース〉と〈Is Not ケース〉の両面を見る

原因究明を改善する1つの方策は、現象が起こっている場合だけでなく、起こっていない場合にも注意を払い、両者を比較することである。しかし有ること（行ったことや目にしたもの）のほうに引かれるのはヒトの仕様ともいうべきもので、それを自覚しながら方法的に抗う必要がある。

ケプナー・トリゴーの問題分析は、問題が生じたケース（Is ケース）と生じなかったケース（Is Not ケース）について、4つの側面（What／When／Where／How〈Much〉）について比較することで、原因をあぶり出そうとする。

〈Is ケース〉と〈Is Not ケース〉で共通する側面は、問題の生起に無関係と見なせる。〈Is ケース〉と〈Is Not ケース〉で相違する側面こそ、問題の生起に関係がある可能性がある。

ASSUMPTION BUSTING

18
仮定破壊
発想の前提からやりなおす

難易度 💡 💡 💡 💡 💡

開発者
マイケル・ハマー（Michael Martin Hammer, 1948 – 2008）
ジェイムズ・チャンピー（James A. Champy, 1942 - ）

参考文献
『リエンジニアリング革命』（マイケル・ハマー、ジェイムズ・チャンピー、日本経済新聞社、1993）

用途と用例
◎ いくつかのアイデア手法を使ってもうまくいかないとき。
◎ より抜本的な発想の転換が必要なとき。

レシピ

1. 検討したい問題を決める。

2. 問題の理解を深めるために情報を集めて図解にしてみる。

3. 3列の表をつくり、左列に「状況」、中列に「前提」、右列に「破壊」とタイトルをつける。

4. 問題の図解を眺めて、問題を構成する要素を抜き出し、左列の「状況」欄に1つずつ書き出していく。

5. 「状況」欄から1つを選び、それが成り立つための前提や仮定(思い込み、暗黙のルールなど)が何であるかを考え、中列の「前提」欄に書き記す。
   ☞ 1つの〈状況〉から複数の〈前提〉を考えてもいい。
   それぞれの〈状況〉について「ここは無くせないか?/変えられないか?」と問い掛け、「無くす/変えることはできない、なぜなら[　　　　　]」という形の答えを得るよう自問自答することで、前提や仮定を発見することができる。

6. 「前提」欄の1つを選び、それを壊し、ひっくり返して、新しい前提や仮定(新しい観点、捉え方、新ルールなど)を考え、右列の「破壊」欄に記入していく。

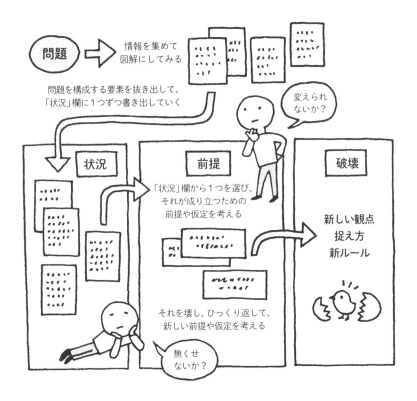

サンプル

実例：IBM クレジットの融資方式の改革（BPR、ビジネス・プロセス・リエンジニアリング）[*1]

　コンピュータシステムは商品化以降ずっと高価な商品としてあり続けたため、IBM はその購入代金を顧客に融資する関連会社（IBM クレジット）をもっていた。

[*1] 右ページ図は http://www.kogures.com/hitoshi/webtext/kj1-bpr/index.html を参考に作成。

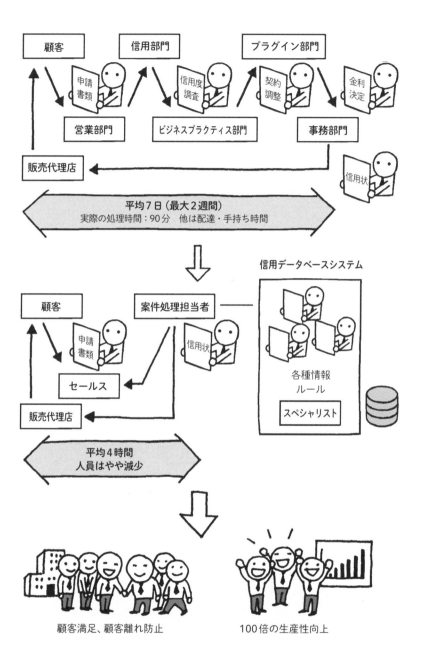

18 Assumption Busting

融資に必要な、顧客の信用調査、融資方式の設定、適用金利の決定、そして契約書作成は、それぞれ専門の部門が担当していた。これらの仕事はそれぞれ専門知識と経験を必要とすることから、専門部門化こそが知識と経験を組織内に蓄積できる望ましいあり方であると考えられてきたのだ。

　しかしIBMはこの仮定の破壊にチャレンジし、まったく逆の新ルールを定め、それが可能となるためには何が必要かを考え直した。すなわち、「専門部門化が必要」との前提を変え、「1つの融資案件を1人の担当者が最初から最後まで処理する」ことを新たな前提に据えた。

　そして1人の担当者が融資に必要なすべての業務を遂行できるよう、〈顧客信用度データベース〉、〈金利算定システム〉、そして〈約款文書データベースと連動した契約書作成システム〉を開発し、これらの支援システムを活用した、1人の案件担当者による融資方式へと改革した。

　融資に必要な審査時間は7日間から4時間に短縮され、従業員数はそのままで案件処理件数は約100倍に増加した。

レビュー

※ 組織変革に用いられた手法

　この手法は、もともとは発想法としてではなく、組織や仕事のやり方を変革するという文脈で提案されたものである。

　アイデアを生み出すという文脈では、従来の考え方から離れるための手法は数多く提案されてきたが、直接に暗黙の仮定／前提を明示化して

チャレンジするところまで踏み込むものはあまりなかった。

　その理由の1つは、個人の無意識に存在する暗黙の仮定／前提を観察することや取り扱うことが難しく、それらを直接相手にするよりも思考過程に制約を設ける等のやり方のほうが手っ取り早かったからだと推測される。

　これに対して組織変革では、暗黙の仮定／前提は、集団内のやり取りやルールとして目に見える形で観察可能であり、また暗黙の仮定／前提に手をつけないままだと変革が骨抜きにされてしまう直接的弊害があるため、こうした仮定／前提を扱う手法が発展した。

❖ 暗黙のルールを吟味し、変革に役立てる

　我々の日常は、膨大な数の仮定／前提によって支えられている。

　円滑に日常生活を送るには、ほとんど考えることを要しない瞬時の判断をひっきりなしに行わなくてはならない。そして、こうした瞬時の判断は、何らかの仮定／前提を必要とする。

　たとえば交差点では、車や人は信号を守るものだと仮定している。そう仮定しないと、交差点に入ってくる車や人の動きは予測不可能となり、我々は進む／止まる／曲がるなどの判断ができなくなるか、恐ろしく時間がかかってしまい、そもそも道路に出ることをあきらめるしかなくなってしまう。

　しかも、こうした仮定／前提を破ることは、道徳的かつ感情的な問題まで引き起こす。

　普段意識することのない、会話などの何気ないやり取りを支える暗黙の仮定／前提を意図的に無視すると、会話が円滑に進まないのはもちろん、会話相手の激しい怒りまでも招くことを、社会学者ガーフィンケルの学生たちは体験した［＊2］。

　同じく社会学者のデュルケムは『宗教生活の原初形態』（岩波文庫、

［＊2］Garfinkel, H. (1967). Studies in ethnomethodology. Englewood Cliffs, N.J: Prentice-Hall. 第2章。

18 ASSUMPTION BUSTING

1975)において、儀礼という様式化された行動が集団をつくり出し、また集団を持続＝再生産するのに不可欠であることを指摘している。

儀礼とは、集団の外から見れば、およそなぜそんな行為に意味があるのかわからない（ほど細かく定められている）ものなのだが、集団の内にいる人からすれば、その細かい所作の一つひとつが（時に「神聖なもの」と思えるほどに）重要であり、自分がしくじれば（外から見れば不可解なほどの）恐怖や後悔の念にかられ、また他人がその儀礼に従おうとしていないところを見ると、「冒涜された」かのような激しい怒りを覚えるものである。この点にデュルケムは注目したのだ。

同じ儀礼を行う者が仲間であり、違う儀礼を行う者は仲間ではない。

実際、詳細に定められた儀礼は、習得するのに少なくないコストがかかり、それは集団に属したフリをして、集団維持のコストを負担せずに利益だけをもってこうとするフリーライダー（ただ乗り野郎）を見分けるのに、きわめて都合がいい。

仕事の現場でも、外部の人間からは些末事にしか見えないローカルルールから逸脱しただけで激しい怒りを買うことがある。

暗黙の仮定／前提は、人の頭の中だけにある単なる信念ではなく、我々の無意識の行動や相互のやり取り（インタラクション）の中に埋め込まれており、儀礼化され、冒涜すべからぬ聖なる何ものかとして、日々再生産されている。その存在は、組織ややり取りの中にいる間は、なかなか意識しにくい（意識することは円滑な遂行から抜け、やり取りを〈ぎくしゃく〉させることだから）。

それゆえ、暗黙の仮定／前提を特定し、知性が取り扱うレベルで吟味することは、暗黙のルールで回っている組織を大きく改革する際に必ず必要となる。

※BPRが生まれたきっかけ

　1990年代、アメリカで企業経営の立て直し策として登場したビジネスプロセス・リエンジニアリング（Business Process Re-engineering、BPR）は、それまでの標準品大量生産に適した分業体制を廃して、多品種少量に適した職能横断的な業務遂行体制への抜本的な改革を進めていった。そうした改革の中で、それまでの組織運営を支える〈暗黙の前提〉を特定し根絶やしにする（identifying and annihilating assumptions）ための手法として導入されたのが「Assumption Busting（仮定破壊）」である。

　1980年代後半、多くのアメリカ企業が内外市場で日本企業との競争に苦戦していた中、フォード自動車やコダックなど、トヨタ生産方式（→なぜなぜ分析、102ページ）やQCサークルに代表される日本式経営を学んで再生する企業が登場していたが、これに注目したマイケル・ハマーやトーマス・ダヴェンポートが、再生を果たしつつあったアメリカ企業の業務革新から共通項を抽出し、新しい名称を冠して登場させたのがBPRだった。

　アダム・スミスの指摘以来、分業は労働の生産力を増強する最善の方策であると長く信じられてきた。現実にも、生産性を向上させることで製品価格を下げ、需要を増大することで、大量生産と大量消費の好循環による高度経済成長を実現した。

　BPRが挑戦した暗黙の仮定／前提たちは、この大前提に由来していた（職能別部門制度は分業が行き渡り、たどり着いた到達点だった）。つまり先進工業国の成功と現在を実現した〈分業〉こそが今やボトルネックになっていると指摘したのだ。

※発想法における最後の切り札

　さて、アイデアを生み出す際に、暗黙の仮定／前提まで立ち戻る意義

は何だろうか。

　もっと楽に使えるカジュアルな発想法を使えば済むケースが多いはずだが、しかし、新しいアイデアが必要となるのは、それまでのやり方では間に合わない状況や問題に直面しているからである（これまで通りでいいなら、必要なのはアイデアではなく、経験であり、よくできたマニュアルである）。

　暗黙の仮定／前提まで立ち戻る必要は、普段使いの発想法では間に合わない、より深刻な事態に陥ったときに生まれてくる。

　その意味でこの手法は、他の発想法を使ったがダメで引き返してきた場面、ゼロからやり直さなくてはならなくなった場面で用いられる。

PROBLEM REVERSAL

19 問題逆転
発想の狭さを自覚させる簡易ゲージ

難易度 💡💡💡💡💡

開発者
チャールズ・トンプソン（Charles C. Thompson）

参考文献
『右脳で遊ぶ発想術』（チャールズ・トンプソン、阪急コミュニケーションズ、1994）

用途と用例
◎ 発想の前提と枠組みを壊す。
◎ 新たな視点で問題を捉え直す。

レシピ

1 問題や課題や既存のアイデアを言葉で表現する。
☞例：売上が足りない。

2 言葉にした問題の一部を否定形や対義語に置き換えて〈逆転〉する。
☞例：売上が足りない→売上が多すぎる。

3 裏返した問題についての〈逆転解決策〉を考える（他の技法を使う）。
☞例：売上を減らす案を考える→売り渋る、自らネガティブ広告をうつなど。

4 〈逆転解決策〉がいくつか出せたら、（一部変更して）元の問題の解決に使えないか考える。
☞例：売り渋る→期間限定や地域限定で販売しプレミアム感を出す。

5 **4**でできた解決策が使えるかどうか確かめる。

サンプル

おとり捜査

　　おとり捜査は、犯罪調査のいくつかの要素を〈逆転〉したものである。
　　通常の犯罪調査は、「犯罪者を特定し、居所を突き止め、警察官が出向いて、逮捕する」が、これに対して、おとり捜査では「犯罪者を特定せず、居所を突き止めず、こちらが出向かず（犯罪者から来てもらって）、逮捕する」。

これらの〈逆転〉が他の部分にも波及していくことに注意しよう。
　警察は通常、犯罪の機会を取り除き、犯罪の発生を抑制する（防犯に努める）が、おとり捜索では、これらは〈逆転〉される。すなわち、あえて犯罪の機会をつくり出し、犯罪の発生を促進しなければならない。

レビュー

❖ 失敗を人工的につくるメリット

　問題逆転の手法のメリットは、シンプルで実施が容易なわりに、発想の枠を変え、これまで検討してこなかった可能性を探らせる効果が大きいところである。
　デメリットは、真面目で固い頭には、簡単すぎるゆえに余計にバカバカしく感じられるところだ。
　「売上や利益を下げるアイデアをわざわざ考えるのに何の意味があるのか」
　「そんな無駄や失敗は、わざわざ考え出さなくてもそこら辺にいくつでも転がっているじゃないか」
　我々凡人の目には、成功は希少であるが、失敗は数多く遍在しているように見える。だからこそ〈問題を裏返す〉手法は、ありきたりすぎて見過ごされているものを資源とするアプローチでもある。
　失敗は通常避けるべきもので、その可能性を突き詰めて考えることは少ない（チェスや将棋のプレイヤーが負ける指し手の先を追求しないように）。
　しかしセレンディピティ（→セレンディピティ・カード、64ページ）と呼ばれるもののうち、まさしく失敗がはらんでいた可能性を追求することでブレイクスルーを達成していたものは少なくない。失敗は、それまで検討の外にあった可能性をはからずも面前に置くことで、人の発想の枠を強引に広げるのだ。
　では、失敗するまで、運任せにしてわざわざ待たなければならないの

第5章　仮定を疑う

19 PROBLEM REVERSAL

だろうか。

　成功を言葉で表現して、その一部を否定形や対義語に置き換えれば、失敗は人工的につくり出せる。これが問題を裏返す（problem reversal）の意義の1つ目である。

❖ あえて失敗を見ることで、発想の幅が広がる

　もう1つ、問題を裏返すことは、問題の前提を揺さぶる意義がある。

　たとえば、警察にとって防犯＝犯罪を抑制することは大前提であるが、おとり捜査の成立には、この前提に手をつける必要があった。

　問題が通常の手段では解決することが困難な場合、時に目的に反するように見える手段が有効／必要なことがある。立ちふさがる障害を迂回するには、目標から一旦遠ざかるルートを選ぶ必要があるように。

　障害と目標の全体を俯瞰し一望できるなら、ルートの選択は容易であり、我々は自信をもって遠ざかるルートを行くことができるが、現実には障害と目標のあり方を最初から完全に知ることができるケースは稀

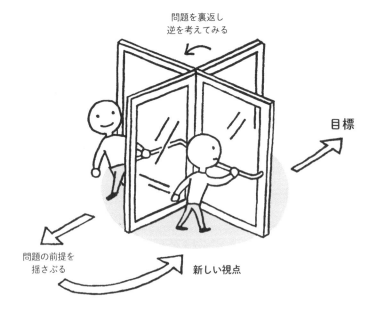

である。試行錯誤はあらゆる方向に向けて行う必要がある。したがって、目標に意識が行きすぎるなら、またそのせいで発想の幅が知らず知らず狭まっているなら、問題を裏返すことは多くをもたらす可能性がある。

　問題を裏返すことは、我々の思考の通常運転を邪魔し、そのバランスを崩すことだ。これによって自然な思考や連想が中断され、バランスを取り戻そうとする中で新しい疑問や視点が浮かび上がるかもしれない。

　問題を裏返し、逆を考えてみることで、我々は自分の発想の狭さを知ることができる。一度気づけば、この方法はあなたの思考ツールに常備されるはずだ。

発想を逆転すると可能性が広がる

19 PROBLEM REVERSAL

第Ⅱ部 1から複数へ

THE IDEA TOOL DICTIONARY

HOW WOULD LUBITSCH HAVE DONE IT?

20
ルビッチならどうする?
偉大な先人の思考と人生を我がものにする
マジックフレーズ

難易度 💡 💡 💡 💡 💡

開発者
ビリー・ワイルダー(Billy Wilder, 1906 - 2002)

参考文献
『ワイルダーならどうする?──ビリー・ワイルダーとキャメロン・クロウの対話』(キャメロン・クロウ、キネマ旬報社、2000)
『孟子』(岩波文庫、1972)

用途と用例
◎行き詰まりを脱する。
◎私淑により自分を高める。

第Ⅱ部　1から複数へ　　　　　　　　　　　　　　　　　　　　　　　　　　142

レシピ

■ これといった人物を1人定めておき、行き詰まったとき「彼／彼女なら、どうするだろうか？」と考えてみる。

サンプル

実例：映画監督ビリー・ワイルダーの発想術

　　　ビリー・ワイルダーは、次の言葉を自分のオフィスの壁に掲げていた。

How would Lubitsch do it？（ルビッチならどうする？）［＊1］

　　　ワイルダーは絶えずこれを仰ぎ見て、自らの師であった名匠エルンスト・ルビッチ監督だったら、この映画をどう撮るだろうかと思いを巡らせ、インスピレーションを得た。

［＊1］映画界で知らぬ者のないこの有名なモットーの掲示は、一コマ漫画で世界的に名を馳せたソール・スタインバーグにデザインさせたもの。

あの文字を長いあいだ壁にかけてきた。シナリオを書くとき、企画を練るとき、絶えずあれを見つめてきた。
「ルビッチならどういう道を進むか？　彼ならどうやって無理なく見せるか？」
　　　　　　　　　　　　　——『ワイルダーならどうする？』

レビュー

❖ ルビッチとは誰か？

　技法の名前がそのまま説明となるような、本書に登場する中でも最もシンプルな方法の1つである。

　ワイルダーは50年以上映画に関わり、60本もの作品に携わった映画監督、脚本家、プロデューサーである。

　ナチスの台頭のためにアメリカに渡った後、鳴かず飛ばずの脚本家として苦労していたワイルダーは、のちに自分の師と仰ぐ映画監督エルンスト・ルビッチ［*2］に採用されてからは、次々と傑作コメディを世に送り出し、チャールズ・ブラケットとともにハリウッド一の名脚本家コンビとまで謳（うた）われるようになっていく。

サイレント時代に活躍した米国の人気女優グロリア・スワンソンとビリー・ワイルダー。ドイツ出身のアメリカの映画監督で本名はSamuel Wilder。1933年ドイツから亡命後、まずは脚本家として活躍。42年からは製作者、監督、脚本家の三役を兼ねて『失われた週末』（1945年、アカデミー作品賞、監督賞、脚色賞）などを発表。『サンセット大通り』では往年の名女優グロリア・スワンソンや、実際のサイレント時代のスターや映画監督を起用し、ハリウッドの内幕を描いて興業的にも批評的にも大成功した。

1920年に撮られた30歳頃のエルンスト・ルビッチ。〈ルビッチ・タッチ〉と呼ばれる独特の洗練されたスタイルで、ハリウッドの〈ソフィスティケイティッド・コメディ〉あるいは〈ロマンチック・コメディ〉の原形をつくった。フランク・キャプラ、プレストン・スタージェス、レオ・マッケリーらとともに〈アメリカ喜劇〉の四大監督と見なされる。

映画監督に転向後も、オードリー・ヘップバーンが出演したロマンティック・コメディ『麗しのサブリナ』、1955年にマリリン・モンローの地下鉄の通風孔のシーンで有名な『七年目の浮気』、ジャック・レモンを起用した『お熱いのがお好き』『アパートの鍵貸します』といった傑作を残している[*3]。

❋ 孟子による「孔子ならどうする？」

ワイルダーは世に出た後も、映画監督となった後も、1947年にルビッチが亡くなるまでルビッチ邸に居候していた。仕事も生活もともにしたルビッチとワイルダーは名実ともに師弟関係であったわけだが、それほど深い関係をもつ師をもつことは、現在では容易ではない。では、ど

[*2] ユダヤ人キャラの俳優として映画人生をスタートしたルビッチは、ドイツで監督として成功後、1922年ハリウッドの大スターの1人だったメアリー・ピックフォードに招聘され渡米、以後ハリウッドでコメディ映画の一時代を築いた。フランスの映画史家ジョルジュ・サドゥールは大著『世界映画史』の中で「(ルビッチが) ハリウッドの新興成金たちに、ヨーロッパ的な洗練をもたらした功績は大きい」と述べている。
ソフィスティケイテッド・コメディの天才と称されたルビッチに影響を受けた映画人は多く、ワイルダーの他にも、チャールズ・チャップリン、ハワード・ホークス、フランソワ・トリュフォー、小津安二郎などがいる。代表作に『街角 桃色の店』『天国は待ってくれる』『生活の設計』『ニノチカ』『青髭八人目の妻』。『ニノチカ』『青髭八人目の妻』でワイルダーは脚本を担当している。

[*3] 『お熱いのがお好き』は2000年にアメリカ映画協会の笑える映画ベスト100の第1位に選ばれたコメディ映画。また『アパートの鍵貸します』により、ワイルダーは、アカデミー賞の歴史の中で唯一3部門（作品賞、監督賞、脚本賞）を1人で受賞した人物となった。

145　　20 HOW WOULD LUBITSCH HAVE DONE IT?

うすればいいか？

　中国の戦国時代の思想家孟子がその方法を教えている。私淑（直接教えを受けることはできないが、ある人をひそかに尊敬し、模範として学ぶこと）は、その対義語である親炙（ある人に親しく接してその感化を受けること）とともに、彼の著書『孟子』に登場する言葉であり、思想家孟子の拠って立つ方法論的基礎でもある。

　孟子は自らを孔子の教えを受け継ぐ者だと考えたが、孔子の死から孟子の誕生までは100年ほどの隔たりがある。彼は孔子の弟子でないばかりか「公式」の後継者ですらない。ただ孔子の孫弟子たちから、孔子の言行を拾い集め、孟子なりにつなぎ合わせただけだとも言える。

　だが、ここから何千年もの間、東アジアに痕跡（それと傷跡）を残した〈儒教〉という巨大な流れが始まる。

　親炙によることなくとも、自らが会ったこともない孔子に教導される

ことができると示すことで、子弟という直接的関係を離れ、人の生の及ぶ丈(たけ)を超えて、教えを受ける／教えが広がる可能性が開けた。
　この私淑の可能性がなければ、孔子の教えが「儒教」となることはなかっただろう。

※ 最も長く豊かな問い掛け

　私淑は、ただその人を師と思い定めれば、今ここから始めることができる。
　その人が著作や作品を残しているなら繰り返しそれに触れ、伝記や言行録があるならそれも読み込み、そして自らの問題に照らして「彼／彼女なら、どうするだろうか？」と何度も考えてみるのだ。
　私淑に終わりはない。それは一生をかけて行う営みであり、自分1人では決して至れなかった域にまで自分を高めていく方法である。
　「彼／彼女なら、どうするだろうか？」は絶えず繰り返すべき、最も長く豊かな問い掛けなのだ。

20 How would Lubitsch have done it?

DISNEY'S BRAINSTROMING

21
ディズニーの3つの部屋
夢想家ミッキー・実務家ドレイク・批評家ドナルドダックで
夢想を成功に結びつける

難易度 💡💡💡💡💡

開発者

ウォルト・ディズニー（Walt Disney, 1901 - 1966）
ロバート・ディルツ（Robert Dilts, 1955 - ）

参考文献

『天才達のNLP戦略』（ロバート・ディルツ、ヴォイス、2008）
『ディズニーアニメーション 生命を吹き込む魔法 ─ The Illusion of Life』（フランク・トーマス、オーリー・ジョンストン、徳間書店、2002）
『人生ゲーム入門』（エリック・バーン、河出書房、1967）

用途と用例

◎ 発想と具体化と評価の作業を切り分ける。
◎ 自己批判を封じ込め、発想の枠を取り外す。

レシピ

1 紙を1枚用意して、縦線を2本引いて3列に分ける。

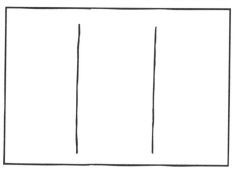

2 左の欄の一番上に「夢想家」、真ん中の欄の一番上に「実務家」、右の欄の一番上に「批評家」と書き、それぞれの欄ごとに以下の立場から意見を書いていく。

3 まず「夢想家」の欄から始める。以下の「導きの問い掛け」に答えるようにして書くといい。
　☞《自問自答のための導きの問い掛け》
　　◎欲しいものは何か？
　　◎何をしようとしているのか？
　　◎自分を興奮させるものは何か？
　　◎この場合解決は何なのか？
　　◎どんなふうに解決を想像できる？
　　◎もし魔法が使えたら、何をする？
　　◎その解決法を用いて何が手に入る？

21 DISNEY'S BRAINSTROMING

> 夢想家（Dreamer-Vision）を担当
>
> 基本スタンス：
> Anything is possible.（なんでもあり）
>
> 基幹の質問：
> What to do ?（何をすべきか？）

4 次に「実務家」の欄を書いていく。「夢想家」が出したアイデアに対して「導きの問い掛け」を自問自答して、答えを書いていくといい。

☞《自問自答のための導きの問い掛け》

◎このアイデアを実際どのように用いるか？
◎このアイデアを実行するアクションプランはどうなる？
◎このアイデアを実行するタイムラインは？
◎このアイデアをどのように評価すればいい？
◎実現するのに必要なものは何か？

> 実務家（Realist-Action）を担当
>
> 基本スタンス：
> Act 'as if' the dream is achievable.
> （夢が実現可能であるかのように行動せよ）
>
> 基幹の質問：
> How to do ?（どのようにすべきか？）

5 最後に「批評家」の欄を書いていく。「実務家」が出した実現可能なアイデアに対して「導きの問い掛け」を自問自答して、答えを書いていくといい。

☞《自問自答のための導きの問い掛け》
  ◎このアイデアのまずいところはどこか？
  ◎どんな失敗をしそうか？
  ◎欠けているものは？
  ◎このアイデアを用いることができない理由は？
  ◎この計画の弱点はどこか？
  ◎この計画でどれだけ儲かるか？

批評家（Critic-Logic）を担当

基本スタンス：
Consider 'what if problems occur'.
（問題が起こるなら何かを考えよ）

基幹の質問：
Why not to do？（なぜすべきでないか？）

サンプル

実例：ウォルト・ディズニーの仕事

　ディズニーはこの３者（夢想家・実務家・批評家）思考のために、わざわざ会議室を分けていた、と言われる。
　「夢想家の間」では、アイデアを評価することも選択することも禁止され、ひたすら空想が広げられ、突拍子もないアイデアが求められた。この部屋の守護キャラクターはミッキー・マウス。好奇心旺盛で楽しいことが大好き、ちょっとルーズないたずらっ子。
　「実務家の間」では、夢想を具体化・現実化することにすべての力が注がれる。ここでキャラクターのスケッチが描かれ、ストーリー・

ボード（絵コンテ）がつくられる。この部屋の守護キャラクターは、ルードヴィヒ・フォン・ドレイク。ドナルドダックを甥っ子と呼ぶ発明家・科学者で、ディズニーの初期作品ではストーリーの進行役も務めた。

「批評家の間」は、別名あら探し部屋であり、ここでキャラクターやストーリー・ボードの欠点、企画の成功の可能性が徹底的に洗われる。この部屋の守護キャラクターはドナルドダック。上下関係おかまいなしの、気性の荒い毒舌家。

レビュー

※ 荒ぶるディズニーの3つの人格

　新しいものをつくるには、夢想家・実務家・批評家の3つの役割は確かにどれも必要だ。

　実務を欠いた夢想家は、その想像力を他の人にうまく伝えることができない。

　批評を欠いた実務家は、既定路線を変更できず、落とし穴にハマると抜け出せない。

夢想家・実務家・批評家はすべて、ディズニーの中に同居していた。悪いことにミーティングのたびにディズニーからそのうちのどれが飛び出すか予想もつかず、ディズニーと仕事をしたスタッフは、とりとめのない夢想家や容赦ない批評家の出現に苦しめられた。

どちらかといえばネガティブなこのエピソードをタネに、精神言語プログラミングの共同開発者の1人ロバート・ディルツが鋳造したのが夢想家・実務家・批評家のメソッドである。

思考のモードを切り替える発想法としては、デボノのシックス・ハット法［*1］と共通点がある。

ディズニーの3つの部屋より
思考の切り替えが多いシックス・ハット法

客観的な視点
（数字・情報・データ）

消極的な視点
（否定・注意・後ろ向き姿勢）

分析的な視点
（計画・思考プロセス・管理）

感情的な視点
（直感・好き嫌い・感覚）

積極的な視点
（利点・評価・前向き姿勢）

革新的な視点
（創造・提案・代替案）

［*1］シックス・ハット法は、デボノによる6つの帽子をかぶった場合のそれぞれの視点からアイデアを発想しようというもの。6つの帽子（視点）とは次のものである。白い帽子（客観的な視点）、黒い帽子（消極的な視点）、青い帽子（分析的な視点）、赤い帽子（感情的な視点）、黄色い帽子（積極的な視点）、緑の帽子（革新的な視点）。

21 DISNEY'S BRAINSTROMING

✤ ディズニーと交流分析

　ディズニーのこの逸話は、アメリカの精神科医エリック・バーンが開発した心理学理論・治療法である交流分析（Transactional Analysis）を思い出させる。

　交流分析は「フロイト精神分析の口語版」と紹介されることがあるように、フロイトが人間の精神を自我・イド・超自我からなると分析したのを組み替えて、バーンは人間の精神には子供の頃の経験によって形づくられるP（Parent）、A（Adult）、C（Child）の3つの自我状態があると仮定した。交流分析は、人々は3つの自我状態のいずれかにある、と考える。

　すなわち、

- ◎ P（Parent：親）＝人が、両親（または親の代わりとなるもの）の行動パターンを無意識に模倣して、行動し、感じ、思考する自我状態を指す。道徳や規則を重んじ、躾け、叱責または保護、養育などに由来する行動を取る。一方では批判的・懲罰的・支配的であり（父親的側面）、また一方では同情的・救援的・受容的である（母親的側面）。──ディズニーの3者では批評家（Critic）が相当する。
- ◎ A（Adult：大人）＝これは、「今－ここ」でどのようなことが起きているのかについて人々が行動し、感じ、冷静に思考する状態。いわば人間の中にあるコンピュータに喩えられる部分。データを収集・整理し、合理的・客観的に考え行動する自我状態を指す。──ディズニーの3者では実務家（Realist）が相当する。
- ◎ C（Child：子）これは人が子供の頃に振る舞ったのと同じように、行動し、感じ、思考する自我状態。人の中にある誰にも束縛され

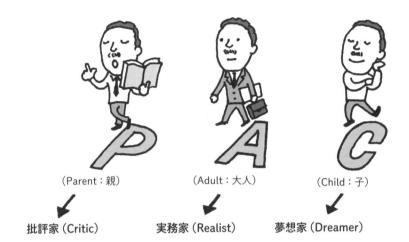

(Parent：親)　　　（Adult：大人）　　　（Child：子）

批評家（Critic）　　実務家（Realist）　　夢想家（Dreamer）

ず自由に振る舞う部分。本能的・直感的・楽観的であり好奇心旺盛で空想に富む。——ディズニーの3者では夢想家（Dreamer）が相当する。

❖ ディズニーの会議室を1枚の紙に

　ディズニーはこれら自我状態の振り幅が極端に大きい人物だった。

　ディズニー社の会議室をめぐるフォークロアは、そんなディズニーの荒ぶる自我状態をそれぞれの部屋に押しとどめ、しかし彼の創造性の成果は受け取りたいというスタッフたちの叶えられない願いの残響なのかもしれない。

　会議室を分けることができない／そこまでの必要がない我々は、せめて紙上で切り分け、3つの自我状態を引っ張り出そう。

　夢想家を暴走させ、批評家に駄目出しさせて、（フロイトの自我が、イドと超自我の間の板挟みに苦しむように）実務家にはその間を取り持たせよう。

21 Disney's Brainstroming

HALL OF FAME

22
ヴァーチャル賢人会議
発想法の源流にまで遡る、方法としての私淑

難易度 💡💡💡🔲🔲

開発者
マイケル・マハルコ（Michael Michalko）

参考文献
『アイデア・バイブル』（マイケル・マハルコ、ダイヤモンド社、2012）

用途と用例
◎ 複数の私淑により自分を高める。
◎ 異なる視点を発想に導入する。

レ シ ピ

1 取り組むべき問題かテーマを選ぶ。

2 目下の問題／テーマにふさわしい賢者を複数人、世界的な第一人者から、あるいは歴史的偉人たちから選ぶ。

3 選んだ賢者たちを脳内に招いて〈賢人会議〉を開催する。彼らはあなただけのブレーンであり、司会進行はあなたに任されている。
☞たとえば、最初は問題／テーマについて、あなたが招いた賢者たちがどんな感想を抱き、どんなアイデアを出してくれるか、順番に尋ねるところから始める。
バラエティーあふれた賢者を選んでいれば、意見の相違が生じ、脳内で激しい論争が起こるだろう。自分の想像を超えるアイデアが生まれてくるのは、そうしたきっかけによってである。

☞なお、マハルコが紹介している例は、以下のようなずっと簡易なやり方である。

1 取り組むべき問題かテーマを選ぶ。

2 引用句辞典や名言辞典を用意する。

3 辞典の人名索引から1人「賢者」を選んで、好きな名言を選び出す。問題／テーマに役立つかどうかは考えず、名言を読んで思いついたことを書き留める。

4 思いつきを読み返し、アレンジしたり、組み合わせてみる。

5 その後5〜10分、アイデアが生まれるのを待つ。良いアイデアが生まれなければ**3**へ戻り、別の「賢者」を事典／辞典から選んで**3**〜**4**を繰り返す。

サンプル

実例：プラトンの対話篇

　　ヴァーチャル賢人会議の最も有名な成功例は、西洋思想の主たる源泉の1つとなったプラトンの対話篇（dialogoi）に見られる。

対話形式を用いた著述の白眉と言うべきプラトンの著作は、実在する人物が実名で（時には架空の人物も）登場し、それぞれの主張と思考スタイルをぶつけ合いながら、あのどこまでも執拗に問い返すソクラテスと言葉の格闘を行う。

　結論が出ないことも多いが、両立しえない主張を盛り込んだこれらの著作は、その後2500年近く、西洋世界で多様な思想やアイデアを引き出す貯蔵庫として生き続けた。

　たとえばプラトンを手ひどく批判したニーチェですら、対話篇『ゴルギアス』に登場するカリクレスに自分に近い力の思想を見て取っているし、『パルメニデス』はプラトンのイデア説への最も根源的な批判までをも含んでいる。

ラファエロの「アテナイの学堂」（バチカン宮殿「署名の間」）から。天に指を指しているのがプラトン、手のひらを地面に向けているのがアリストテレス。2人の哲学のあり方を象徴的に示していると考えられている。プラトンのモデルは「モナ・リザ」や「最後の晩餐」などで有名なレオナルド・ダ・ヴィンチ。プラトンの作品で唯一自然を扱った『ティマイオス』を手にしてる。アリストテレスのモデルはミケランジェロという説がある。手にはアリストテレスの書『ニコマコス倫理学』をもっている。

第6章　視点を変える

22 HALL OF FAME

レビュー

※ **どんな人物を召喚すべきか？**

　マイケル・マハルコは、伝説の名経営者や歴史上の偉人たちからなるドリーム・チーム的な役員会（賢人会議）を招集し、重要な案件を検討してもらうという発想法を紹介している。いわば、先に紹介した「ルビッチならどうする？」（→142ページ）という技法の複数人版である。

　もちろん実際に名経営者や偉人を呼びつけるのは大変（不可能）だから、頭の中で想像することでこれに替えるのである。

　ヴァーチャル賢人会議を実のあるものにするには、いくらか事前準備がいる。

　仮想的に呼びつける偉人たちについて、あなたがほとんど何も知らないならば、挨拶や頷き以上の発言は出ずに会議は失敗に終わってしまうだろう。

　逆に、あなたが惚れ込み、語らせたら何時間だって続けることができるような偉人を招いたのなら、その招集は成功するだろう。映画監督ワイルダーにとってのルビッチのようなメンターならば、言うことはない。

　座右の書にしている、あるいは若い頃から繰り返し読み込んでいる書物の著者や、すべての作品はもちろん、インタビュー記事まで追いかけている有名人など、あなたが考え方や主張をよく知っている賢者を選ぶことが望ましい。

※ **師はこうしてつくる**

　もしもよく知る賢者がいないなら、こんなふうにして師をつくることができる。

アインシュタイン　レオナルド・ダ・ヴィンチ　ソクラテス

　その人の全集や著作集を揃え、伝記や自伝を読み込んで年譜や文献リスト（映画関係者ならフィルモグラフィー）、抜き書き集やスクラップをつくるところから始めるとよい。会うことが叶わなくとも、その人を師とすることはできる。つまり私淑である。
　準備に相当の時間が必要になるが、これは悪いことばかりではない。他人（ライバル）が容易に真似のできないことを意味するからだ。

※「抜き書き」という知的トレーニング

　抜き書き集をつくることの効用は、今日ほぼ忘れられているが、これは古来ものを考え書く人間の嗜みであり、自己修養に欠くべからざる手業だった。
　もともとは弁論家がすぐさま引き出せる言葉の弾薬を蓄える作業だったが、古代民主制が廃れ弁論が実学の座を転がり落ちた後も、言葉と知識を生業とする人たちに連綿と受け継がれていった技法だった。キケ

22 HALL OF FAME

ロもペトラルカも自家製の抜き書き集をつくったし、モンテーニュの『エセー』などは自分の抜き書きにつけた自注が発展して新しいジャンルの書と化したものだ。

こういう技法によって、思索者から思索者へと受け渡されていった共有財産はトポスと呼ばれ、言葉を生業とする者たちが話し、書き、考えるための素材を提供し続けた。弁論術の第一のカノンである〈inventio〉（ラテン語）は、英語、フランス語の発明〈invention〉の語源だが、古くは発見を意味し（ドイツ語 Erfindung も同様）、具体的にはこのトポスに関わる〈何を話すべきかを見つける〉発見の術だった。本書の主題である〈発想法〉は、この伝統に端を発する。

ビジネスマン向けのマハルコは、より簡易な道をとる。他人が編んだ抜き書き集である引用句辞典や名言辞典を使えば、私淑する手間が省ける、というわけだ。マハルコの方法は、ほとんど開典占い（本が自然に開くのに任せて、目を閉じて節を選び、指針にする）に近いものになっている（→ランダム刺激、48 ページ）。

漢文・漢詩が盛んだった大正時代ぐらいまでは日本にも漢籍（漢文で書かれた中国の書籍）からの優れた「引用句辞典」があったのだが、この伝統は廃れてしまっている。マハルコが薦めるバートレットやエドワード、あるいはスティーヴンソン［*1］に伍する辞典は、残念ながら日本語では現存しない［*2］。

［*1］ここに述べた辞典は以下の通り。いずれも archive.org から閲覧／ダウンロードが可能である。
　Bartlett, J. (1855). A collection of familiar quotations: With complete indices of authors and subjects. Cambridge: John Bartlett.
　Edwards, T. (1915). A dictionary of thoughts: Being a cyclopedia of laconic quotations from the best authors of the world, both ancient and modern. Detroit, Mich: F.B. Dickerson.
　Stevenson, B. E. (1934). Stevenson's book of quotations: Classical and modern. London: Cassell.

［*2］日本語の書物でなんとか使えそうなものを探すと、ボリュームは物足りないものの、引用句の選択では及第点をつけられる『ちくま哲学の森 別巻 定義集』（筑摩書房、1990）がある。マハルコが次善の策として薦めるのは〈自ら抜き書き集をつくる〉ことだが、こうして我々は元の本格的な賢人会議へと舞い戻ることになる。

OSBORN'S CHECKLIST

23
オズボーン・チェックリスト

ひらめきを増殖させるアイデア変形の十徳ナイフ

難易度 💡💡💡💡💡

開発者
アレックス・F・オズボーン（Alex Faickney Osborn, 1888 - 1966）

参考文献
『独創力を伸ばせ』（アレックス・F・オズボーン、ダイヤモンド社、1958）

第6章 視点を変える

用途と用例
◎ アイデアを変形して増殖させる。
◎ 観点を強制的に増やす。

レシピ

■既存のアイデアや成功例などを元に、次の 9 つの質問に答えていく。

1 他への転用は？（Put to other uses ?）
☞新しい使い方は？／他の分野で使えないか？

2 他のものへの応用は？（Adapt ?）
☞これと似たものは他にないか？／他のアイデアを使えないか？／過去にこれと似たものはなかったか？／コピーできるものはないか？／真似のできるものはないか？

3 変更したら？（Modify ?）
☞色を、動きを、音を、匂いを、形を、変えられないか？／他の形ではどうか？／新しい変更法は？

4 拡大したら？（Magnify ?）
☞何か足せないか？／時間を延ばせないか？／頻度を増やせないか？／強くできないか？／高くできないか？／長くできないか？／価値を追加できないか？／内容を追加できないか？／数を増やせないか？／重ねられないか？／誇張できないか？

5 縮小したら？（Minify ?）
☞何か取り除けないか？／小さくできないか？／濃縮できないか？／低くできないか？／短くできないか？／軽くできないか？／細くできないか？／分割できないか？

6 代替したら？（Substitute ?）

☞ 誰か他の者で代われないか？／何か他のもので代われないか？／他の中身にできないか？／他のプロセスにできないか？／他の場所でできないか？／他のアプローチでできないか？

7 再配列・アレンジしたら？（Rearrange ?）

☞ 部分を入れ替えられないか？／他のパターンでできないか？／他のレイアウトでできないか？／他の並び方でできないか？／原因と結果を逆転できないか？／ペースを変えられないか？／スケジュールを変えられないか？

23 OSBORN'S CHECKLIST

8 逆転したら？（Reverse ?）
☞ 反対のものはどうか？／前後を入れ替えられないか？／上下を入れ替えられないか？／役割を逆転できないか？／プラスとマイナスを入れ替えたら？

9 結合させたら？（Combine ?）
☞ 混ぜ合わせたらどうか？／ユニットを組み合わせたら？／目的を組み合わせたら？／手段を組み合わせたら？／売り（アピール）を組み合わせたら？／アイデアを組み合わせたら？

サンプル

実例：ゲーム＆ウォッチの開発（任天堂）

1 他への転用は？（Put to other uses ?）

電卓　ゲームウォッチ

ゲーム＆ウォッチとは任天堂初の携帯型ゲーム機。需要が頭打ちとなった電卓の液晶を転用した、開発者・横井軍平の「枯れた技術の水平思考」の成功例の1つ。国内3000万台を超えるヒットとなり、この成功が家庭用ゲーム機の市場を開拓したファミリーコンピュータの開発につながった。

「枯れた技術」は広く使われ、安価に不具合なく安定して使える技術であり、ここでいう「水平思考」は今までになかった使い道を考えることである。「枯れた技術」を転用することで、ゲーム＆ウォッチは安価で提供でき、ヒットにつながった。

実例：魔法瓶の開発（日本電球）

2 他のものへの応用は？（Adapt?）

電球　魔法瓶

大阪の電球製造会社だった日本電球の技術者・八木亭二郎は、電球で培った真空技術・ガラス製造技術を応用して魔法瓶の開発にこぎつけた。「魔法瓶」は同社が商標登録した名称が一般に使われる。

魔法瓶は容器を二重構造にし、その間を真空にすることで熱伝導を遮断しており（電球の真空技術の応用）、またガラスを鏡面加工して熱放射を防いでいる（電球のガラス技術の応用）。象印マホービン株式会社の前身である市川兄弟商会の創業者・市川銀三郎・市川金三郎兄弟も電球加工の職人だった。

実例：バーコード

2 他のものへの応用は？（Adapt?）

1949年にノーマン・ウッドランドが映画のサウンドトラックとモールス信号から得たアイデアを組み合わせてバーコードの原型をつくり、店の勘定をスピードアップさせた。

実例：アラウーノ（パナソニック製の有機ガラス系素材による便器）

3 変更したら？（Modify?）

陶器　ガラス

長年、陶器でつくられるのが常識であった便器について、後発メーカーであるパナソニックは有機ガラス系素材を採用した。

陶器製便器は一つひとつを焼き

23 OSBORN'S CHECKLIST

上げなければならず、また水垢の付着に伴う汚れによってヌメリや黒ずみが避けられない。

それに対して精密な金型を用いた高い成形性や加工精度により、従来より掃除のしやすい形状を実現し、また高い撥水性により水垢がつきにくい等、これまでにない長所を備えた便器を開発した。

実例：暴君ハバネロ（東ハト）

4 拡大したら？（Magnify ?）

カラムーチョ

ハバネロ

1984 年に発売された先行する辛いスナック菓子「カラムーチョ」（湖池屋）がある中、メキシコのユカタン半島が原産とされ、発売当時、世界中で最も辛いトウガラシ「ハバネロ」を用いた菓子を開発。

2003 年の倒産後、東ハトが再起をかけた商品の 1 つであり、累計出荷数 2000 万袋を超える。

実例：皮膚－衣服－住宅－都市（マクルーハン）

4 拡大したら？（Magnify ?）

「衣服が個人の皮膚の拡張で、体温とエネルギーを蓄え伝えるものであるとするなら、住宅は同じ目的を家族あるいは集団のために達成する共同の手段である。住宅は人が身を寄せる場であり、われわれの体温調節機構の拡張――すなわち、共同の皮膚あるいは衣服――である。都市は身体諸器官をさらに拡張したもので、大きな集団の必要を調節する」（『メディア論――人間の拡張の諸相』マーシャル・マクルーハン、みすず書房、1987）

実例：COTON（ハイアールアジア株式会社による手のひらサイズのハンディ洗濯機）

5 縮小したら？（Minify?）

衣服を回転槽に入れて洗う洗濯機は当然ながら衣服が入るだけのサイズが必要だが、COTON は衣服の部分洗いに特化し、長さ 17.6 センチ、重さ 200 グラムの小型化を実現した。

実例：Twitter

5 縮小したら？（Minify?）

リアルタイム性が高く、どこにいても自分の状況を知人に知らせたり、逆に知人の状況を把握できたりするサービス Twitter は、ツイートできる文字数が 140 文字以内に制限されている。140 文字のメッセージをつくることは、よ

長いテキスト文字

ツィッター

り長いブログ記事を書くことよりも容易である。また短いメッセージなら、ちょっとした時間で読むことができる。敷居を低くすることで多くの参加者を獲得し、Twitter は急成長した。

実例：光ディスク（コンパクトディスク、DVD、Blu-ray Disc 等）

6 代替したら？（Substitute?）

レコードは針によって振動を刻み／読み取るもので、記録密度は針の先端の大きさに制限されていた。

レコード

CD

23 Osborn's Checklist

針をレーザー光に置き換えた光ディスクでは、記録密度は針の先端より遥かに短い光の波長に制限される。この変更によって記憶容量は大きく向上した。

実例：QWERTY 配列（アルファベットキーボードの事実上標準）

7 再配列・アレンジしたら？（Rearrange ?）

アメリカの発明家クリストファー・レイサム・ショールズが開発したキーボードは、最初はアルファベット順にキーを配列していたが、現在ではあえて配列を複雑にした「QWERTY 配列」が標準となっている。その理由は諸説あるが、一説にはタイピングのスピードに当時のタイプライターの技術が追いつかなかったので、わざと打ちにくくしたといわれている。

実例：活版印刷（グーテンベルグ）

7 再配列・アレンジしたら？（Rearrange ?）

それまで書き写すか、ページ分を丸ごと1枚の版木／銅板に彫り込んだものを印刷するしかなかった書物の複製は、一文字ごとにバラした活字をつくり、これを組み合わせて活版をつくる活版印刷（中国では 1041～1048 年

手書き

活版

頃に畢昇によって、ヨーロッパでは 1445 年頃にグーテンベルグが発明）によって、書物の価格は大幅に下がった。

それまで教会が独占していた聖書を個人が所有できるようになり、宗教改革や識字率の向上など、知的世界に大きな影響を与えた。

実例：エスカレーター

8 逆転したら？（Reverse ?）

人間が階段を上っていたところを（動力は人間にある）、主客逆転して階段が（人間を乗せて）上るようにした（動力は階段にある）。

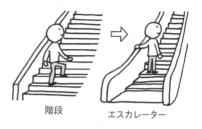

階段　　エスカレーター

実例：唯物論的転倒

8 逆転したら？（Reverse ?）

ドイツの哲学者であるフォイエルバッハはキリスト教で「神が人をつくった」とされていたところ（主体は神である）、主客逆転して、「人が神をつくった」（主体は人である）とした。

「神の意識は人間の自己意識であり、神の認識は人間の自己認識である」

「神の啓示の内容は、神としての神から発生したのではなくて、人間的理性や人間的欲求によって規定された神から発生した」

「神学の秘密は人間学であり神の本質の秘密は人間の本質である」

――『キリスト教の本質』（フォイエルバッハ、岩波文庫、1965）

実例：情動の末梢神経説

8 逆転したら？（Reverse ?）

「悲しいから泣くのではなく、泣くから悲しい」

――ジェームズ＝ランゲ説（W. ジェームズ、C. G. ランゲ）

実例：reCAPTCHA（応答者がコンピュータでないことを確認するために使われる認証システムを使ってコンピュータが認識できない文字をデータ化）

9 結合させたら？（Combine ?）

CAPTCHAでは、機械が自動的に読み取ることは難しい、歪んだり一部が隠された文字をランダムに表示し、その文字を入力させることで応答者がコンピュータではなく人間であることを確認する。

reCAPTCHAはこれを利用して、OCR（光学文字認識）でコンピュータが認識できなかった文字について、人間によるデータ化に貢献する仕組みを提供している。つまり本来の人間認証の目的と、人力による文字デジタル化という目的を結合させたのだ。

読みづらい文字に首をひねり、なんとか解読して入力する10秒間が積み重なると、世界で1日に5万時間に相当する労力が古い書物のデジタル化に投下されていることになる。この認証方式で文字を入力した人たちは、自分でも知らぬうちに年間250万冊もの書物のデジタル化に参加している。

レビュー

※ 攻めのチェックリスト

チェックリストは本来、ある仕事を行う際に抜け落ちがないよう、作業の一つひとつをチェックするための一覧表である。いわばミスをしないための消極的防御策だったが、ブレインストーミングの考案者でもあるオズボーンは、アイデアを変形するパターン・観点を網羅し、自由に発想するだけでは気づきにくい発想法における抜けを防ぐチェックリ

ストを提案した。これが「オズボーン・チェックリスト」である。

※ 思い込みや自覚しない影響を取り除く

このリストの「網羅性」は、たとえば次の事例から確認することができる。

18世紀のフランスの博物学者ビュフォンは自身の『博物誌』において、怪物たちは次の3類型（とその組み合わせ）で網羅されるとした。

- ◎ 4本の腕をもつカーリーや五十頭百手のヘカトンケイルは「① 過剰によるもの」。
- ◎ 1つ目のサイクロプス、目鼻口のないのっぺら坊は「② 欠如によるもの」
- ◎ その名の通り、手に目がついた「手の目」（鳥山石燕『画図百鬼夜行』）は「③部分の転倒、もしくは誤った配置によるもの」。

ビュフォンの3類型は、彼がおそらく参照しなかった中国の『山海経(せんがいきょう)』や日本の「百鬼夜行」までもカバーできるが、「オズボーン・チェックリスト」では「④拡大したら？（Magnify?）」「⑤縮小したら？（Minify?）」「⑦再配列・アレンジしたら？（Rearrange?）」に相当するに過ぎない。

我々は、最初の思いつきや直前に何気なく目にしたものから、自分でも気づかぬうちに大きな影響を受けることが知られているが、まずいことにこの影響は自覚しにくい。「オズボーン・チェックリスト」は、その影響力を振りほどくよう、強制的に、次々と別の観点へと発想を突き動かすためのツールでもある。

『博物誌』よりサイクロプスを描いた挿画。

第6章 視点を変える

23 Osborn's Checklist

24 関係アルゴリズム

認知構造の深い部分で働くメタファーの力を、
活発にし利用する

難易度 ◯ ◯ ◯ ◯ ◯

開発者
ハーバード・クロヴィッツ （Herbert Floyd Crovitz, 1932 - 2014）

参考文献
Crovitz, H. F. (1970). Galton's walk: Methods for the analysis of thinking, intelligence and creativity. New York: Harper & Row.
Van Gundy, A. B. (1987). Creative problem solving: A guide for trainers and management. New York: Quorum Books.

用途と用例
◎ 問題を眺める先入観を解除する。
◎ 問題解決につながるアイデアを見逃しなく検討する。

レシピ

1 問題を短い文にして書き出す。

2 問題を書いた文を読み返し、すべての名詞、具体的要素、その他重要な部分にアンダーラインを引く。

3 線を引いた語句すべてを、ディスク A および C のどちらにも記入する。
☞ 語句を並べ立たリストを 2 つつくってもよい（こちらはリスト A とリスト C とする）

4 ディスク B（関係ディスク）またはリスト B（関係リスト）には、あらかじめ次のような関係語を書いておく。

【クロヴィッツが選定した 42 語】

A about B：B の回りに A　　　A across B：B を横切って A
A after B：B の後に A　　　　A against B：B に対して（対抗して／背景にして）A
A among B：B に囲まれて A　　A and B：B と並列して A
A as B：B のように見なして A　A at B：B において A
A because B：B だから A　　　A before B：B の前に A
A between B：B の間に A　　　A but B：B ではなく A
A by B：B の側に A　　　　　A down B：B の下に A
A for B：B のために／向かって A　A from B：B から A へ
A if B：もし B ならば A　　　A in B：B の中に A
A near B：B の近くに A　　　A not B：A であり B でない
A now B：B と同時に A　　　　A of B：B の一部として A

A off B：B から離れて A　　　A on B：B とくっついて A
A opposite B：B の反対に A　　A or B：A または B
A out B：B から外に A　　　　A over B：B を越えて A
A round B：B を囲んで A　　　A so B：A もまた B と同様
A still B：B にもかかわらず A　A then B：A その後 B
A though B：B を通って A　　 A through B：B だけれど A
A till B：B するまでは A　　　A to B：A から B へ
A under B：B の下に A　　　　A up B：B の上に A
A when B：B のとき A　　　　A where B：B するところで A
A while B：B している間は A　 A with B：B とともに A

【ヴァンガンディが追加した 19 語】

A above B：B の上方に A　　　A below B：B の下方に A
A except B：B を除いた A　　　A toward B：B に向かって A
A along B：B に沿って A　　　A beneath B：B に隠れて A
A into B：B の中へ A　　　　　A upon B：B に迫る A
A amid B：B の真ん中に A　　 A beside B：B の脇に A
A past B：B を過ぎて A　　　　A within B：B 以内で A
A around B：B を回って A　　 A beyond B：B の彼方に A
A since B：B 以来 A　　　　　A without B：B なしに A
A behind B：B の後ろに A　　　A during B：B の期間に A
A throughout B：B の至る所に A

5 ディスク A、B、C を切り抜き、ディスク B（関係ディスク）の上にディスク C を中心を揃えて置き、それらをディスク A に中心を揃えて置く。中心を押しピンやペーパーファスナーなどで止めてディスクが回転できるようにする。次ページの図のようなものが完成する。

☞ リストで行う場合は、左からリスト A、リスト B、リスト C の順に並べる

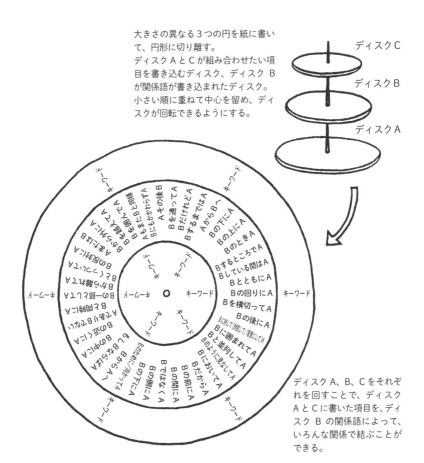

大きさの異なる3つの円を紙に書いて、円形に切り離す。
ディスクAとCが組み合わせたい項目を書き込むディスク、ディスクBが関係語が書き込まれたディスク。
小さい順に重ねて中心を留め、ディスクが回転できるようにする。

ディスクA、B、Cをそれぞれを回すことで、ディスクAとCに書いた項目を、ディスクBの関係語によって、いろんな関係で結ぶことができる。

6 ディスクCやディスクB（関係ディスク）を回すことで、「キーワード-関係-キーワード」の組み合わせを変えていく。

☞ リストで行う場合は、真ん中のリストB（関係リスト）は固定して、両側のリストAとリストCを上下に動かして、「キーワード－関係－キーワード」の組み合わせを変えていくといい。こうすることによってキーワード同士の間に新たな関係が発見できれば、アイデアにつながる可能性が高い。

24 CROVITZ'S RELATIONAL ALGORITHM

☞すべての組み合わせを試す必要はない。ディスクを回しながら、気になる「キーワード−関係−キーワード」が現れたら、
- ◎ディックの質問「これは本当は何なのか？」（→ 96 ページ）
- ◎ NM 法の QB そこで何が起こっているか？　と QC それは何かの役に立たないか？（→ 253 ページ）

などを使って、組み合わせをアイデアに変換する。

うまく思いつかないときは、キープしておいて、別の組み合わせに移ればいい。

サンプル

訪ねてくる叔母をもてなすにはどうすればいい？

シンプルな問題なのでキーワードは 2 つだけである。

つまり「叔母」と「もてなす」の組み合わせは固定だが、この間に入る関係語を変えることでさまざまな関係をつくり、アイデアが出てこないか試していく。

「もてなす − opposite：の反対に − 叔母」——叔母をもてなされる対象とするのとは逆に、叔母をもてなす側とすればどうなるかを考える。たとえば「（他の）親戚が訪ねてくるんだけど、どんなふうにもてなせばいいんだろう？」と叔母に相談してみると、知りたかった答えが得られるかもしれない。

「もてなす − where：するところで − 叔母」——叔母に隠れてもらって、甥っ子と姪っ子が見つける隠れん坊を考える。見つかった叔母は「罰」として、隠れてもらっているうちに用意した宴席に連れて行かれる。

レビュー

※ 取り替えるのは要素ではなく〈関係語〉

　関係アルゴリズムは、問題を構成する要素の間に新しい関係を次々に試してみる技法である。

　多くの組み合わせ手法が、組み合わせる要素を取り替えることで新しいパターンを生み出すのと違い、関係アルゴリズムでは〈つなぎ方〉についても取り替えていくところに特徴がある。

　この技法は、どのような問題であれ、その解決（ソリューション）は〈問題を構成している要素間の関係〉で記述できることを前提にしている。

　もう少し強い言い方をすれば、問題が不足なく与えられているなら、それを解決することは問題の構成要素を適切な関係で結び直すことによって達成されることになる。問題の中に、必要なカードは残らず配られており、その間の〈あるべき関係〉を発見できれば、問題を解くことができるはず、というのが関係アルゴリズムの前提である。

※ 空間メタファーによる発想法

　未解決の問題である以上、発見すべき〈あるべき関係〉は未見のものだろう。その探索に関係アルゴリズムは〈関係語〉の総当たり的当てはめをもって行う。こうすることで、我々の既存知識や先入観を踏み越えることができるが、当てはめるべき〈関係語〉が無数に開かれていれば、この探索が終わる保証はない。

　そこでクロヴィッツは、イギリスの心理学者、言語学者のチャールズ・ケイ・オグデンによって考案されたベーシック・イングリッシュの中から関係を示す42語を抜き出し、探索をこの範囲に限定することにした。

　ベーシック・イングリッシュは使用語彙を850語という少数に限定

24 CROVITZ'S RELATIONAL ALGORITHM

しながら、フルセットの英語と同等の表現力をもつよう開発されたものである。とくに動詞は come、get、give、go、keep、let、make、put、seem、take、be、do、have、say、see、send の 16 語に限定されているが、これでどうやってフルセットの英語に伍することができるかといえば、たとえば walk（歩く）の代わりに go on foot を、penetrate（貫く、見通す）の代わりに go into や see into を使う。わずか 16 語の動詞でも、関係語（と必要なら名詞その他の語）を伴うことで数千の動詞を代替することができる。

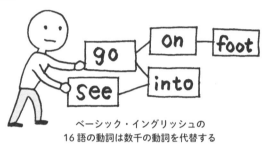

ベーシック・イングリッシュの
16 語の動詞は数千の動詞を代替する

ベーシック・イングリッシュの表現力の要となっているのは、クロヴィッツが目をつけた関係語である。英語は豊富な空間メタファーを日常表現に溶かし込んでいる言語である [* 1]。たとえば I was thinking him（彼のことを考えていた）の代わりに、I had him in mind. ということができるが、「対象を心の中にもつ」というのはもともとメタファーである。この表現のコアになっているのは、him と mind の関係を示す in という前置詞である。もともとは空間上の位置関係を表す前置詞が転用されて、概念間の関係を表すのに用いられている。

[* 1] その意味で関係アルゴリズムは、英語という言語だからこそ発想された技法であると言えるかもしれない。英語圏での人気に比して、日本語での紹介がほとんどない一因であるとも考えられる。
　レイコフとジョンソンは『レトリックと人生』（大修館書店、1986）の中で日常言語の中にある、普通はメタファーと考えられていない表現を取り上げ、その背後にある概念メタファーを膨大に暴き出している。これらは単なる言葉の綾ではなく、我々の認知構造に深く根ざしたものである（我々は知らず知らずのうちにメタファーで考えているのだ）。レイコフらが取り上げた例を見れば、その多くが〈空間的関係＝位置関係〉を転用したものであり、そこでもクロヴィッツが選んだ〈関係語〉がその中核を担っていることに改めて気づく。
　一見、言葉遊びに見える関係アルゴリズムは、我々の認知構造の深い部分で働くメタファーの力を賦活し、利用する手法である。

DÉPAYSEMENT

25
デペイズマン
シュルレアリストが駆使した奇想創出法

難易度 💡💡💡💡💡

開発者
マックス・エルンスト（Max Ernst, 1891 - 1976）
アンドレ・ブルトン（André Breton, 1896 - 1966）

参考文献
『絵画の彼岸』（マックス・エルンスト、河出書房新社、1975）
『超現実主義宣言』（アンドレ・ブルトン、中公文庫、1999）

用途と用例
◎ 絵画や造形、視覚デザインのアイデアを得たいとき。
◎ 既成概念やものの見方を揺すぶりたいとき。

レシピ

　技法としてのデペイズマンは、意外な組み合わせによって鑑賞する者を驚かせ、途方に暮れさせるものである。よく知られているものに次の5つがある。

■**場所のデペイズマン**
　☞オブジェを、それが本来あるはずのない場所に置く手法。
　本来の語源的意味に最も近い。配置されるオブジェ（もの、対象）と配置する場所の結びつきが想定外であるほど効果は高い。

■**材質のデペイズマン**
　☞オブジェの形は本来のままにして、その材質を他のものに置き換える手法。
　場所のデペイズマンが〈オブジェ－場所〉の関係を変更するものであったのに対して、オブジェの内で〈オブジェ－材質〉の関係を変更するもの。

■**人体のデペイズマン**
　☞人の体の一部を他のものに置き換える手法と、無機物の一部を人の体などに置き換える手法がある。
　我々にとって人体は特別なオブジェであるので、その一部を人体以外のものと結びつけることは強い印象を与える。

■時間のデペイズマン
　☞場面の一部を、別の時間の場面に置き換える手法。
　たとえば昼の風景の一部を、夜の情景に置き換える等。

■大きさのデペイズマン
　☞オブジェを実際の大きさよりもはるかに大きく、あるいは小さく描く手法。
　ものの大きさはもの同士の関係を順序づけ、階層化している制約の1つである。たとえば食器が食器棚に収められるためには、食器棚よりも小さくなければならない。食器が食器棚より大きくなると、従来の〈食器 in 食器棚〉という関係は変更せざるをえなくなる。

　概念としてのデペイズマンまで広げると、さらに多くの技法や実験が当てはまる。

- 既成の版画やカタログを絵画に張り込むエルンストの〈コラージュ〉。
- 立体物を組み合わせる〈アンサンブラージュ〉。
- 畳み込んで他人に見えなくした紙に、4〜5人で言葉や絵を順に書き入れて回していき、1つのフレーズやデッサンを完成させる〈優美な屍骸〉。
- 既製品をそのまま芸術作品として提出するデュシャンの〈レディメイド〉は、ありふれた〈事物〉に芸術作品としての〈題名〉を組み合わせるものとして、一種のデペイズマンとも見なしえる。

サンプル

実例：「谷間の家具」——場所のデペイズマン

　デ・キリコの「谷間の家具〈Mobili nella valle〉」(1966) では、豪華な椅子が屋外の荒涼とした場所に置かれている。人が居そうにない場所に、人の生活を感じさせる〈場違いなもの〉が落ちているだけで、我々の想像力は作動し始める。

　それはちょうどオーパーツ (OOPARTS：Out-of-place artifacts) が人の心を波立たせるのに似ている。当時の文明の加工技術や知識では製造が困難、あるいは不可能な遺物の存在は、ペテンや偶然として無視しないつもりなら、我々の知識のひだに大きな改変を要求するからだ。

　描かれたものが絵空事であってさえ、我々の思考はそれを何とか筋道立てて理解しようと作動する。その思考過程は我々の前提やものの見方を少なからず動揺させ、改変させてしまう。

実例：「旅の思い出」「記憶の固執」——材質のデペイズマン

　ルネ・マグリット「旅の思い出〈Memory of a Voyage〉」(1952) では、浜辺に巨大な梨が置かれているが (場所のデペイズマンと大きさのデペイズマンも用いられている)、瑞々しい果実の表皮は、ザラザラした石の表面に置き換わっている。

果物は生きた植物からもぎ取られたオブジェであり、すでに生きているとは言えないが、石のように最初から無生物だったわけでもない。そして時間が経過すると、元が生き物だったがゆえに腐敗し朽ち果て形を失っていくが、石は最初から

生きていないために時間が経ってもそのままであり続ける。

石の材質をもつ果実は、有機物と無機物の矛盾、可腐と不変の矛盾をその身に孕んでいる。

サルバドール・ダリ「記憶の固執〈La Persistance de la mémoire〉」(1931) は、本人の述懐によれば、夕食の最後に出た柔らかいカマンベール・チーズを食べた後、瞑想にふけり、その後2時間ばかりで描き上げたという。

流れ出そうとするほど柔らかくなった3つの時計が、枯れ木の枝にひっかかり、段差からぶら下がり、横たわるナメクジ状の生き物（？）の上に寄りそっている。

機械である時計が、ここでは溶けたチーズを素材としている。時計はもはや機械じかけで時を刻むのではなく、自身が溶解し流れ出すことで時の経過を示そうとする。

25 DÉPAYSEMENT

実例：「引き出しのあるミロのヴィーナス」「燃えるキリン」——人体のデペイズマン

サルバドール・ダリは〈引き出し付きの人体〉というモチーフを繰り返し描いている。

たとえば「引き出しのあるミロのヴィーナス〈Vénus de Milo aux tiroirs〉」(1936) は、均整のとれた古典的美の典型ともいうべきあの彫像に引き出しをつけた噴飯物。

対して「燃えるキリン〈Giraffe en flammes〉」(1937) では、引き出しは胸以外には長い足の内側の左腿から左膝にかけて集中し、アンバランスこの上ない。背中から生えたつっかえ棒のような、松葉杖のような支えだけが、かろうじて立ち続けるのを許している。

実例：「光の帝国」——時間のデペイズマン

ルネ・マグリット「光の帝国2〈Empire of Light〉」(1950) では、地上は夜の帳が降りて、窓の灯りや街灯がともるなか、空には明るい青空が広がっている。

夜と昼は、接しながらもつながっていない。同じ場所が描かれているのに、地上と空は時間によって隔てられてい

る。幻惑に耐えかねて、この絵の前を足早に通り過ぎた鑑賞者は、後になって思い出すとき「明るい空に星が見えた」と思うかもしれない、とブルトンは述べている。

実例：「身の回り品」——大きさのデペイズマン

マグリットの「身の回り品〈Les Valeurs Personnelles〉」(1952年)では、ベッドの上にはそれを上回る大きさの櫛(くし)が置かれ（壁に立て掛けられ）、クローゼットの上には化粧用の刷毛(はけ)がはみ出しており、床にはバカでかいマッチ棒と石鹸が横たわり、人の背丈以上のグラスが立っている。この部屋の中に人間は描かれていないが、描かれているすべては日用品であり、人が毎日用いている道具である。

大きさのデペイズマンが他のデペイズマンと異なるのは、もの同士の異なる組み合わせを直接描写することなく（描写するのはただ普通と大きさが違うだけのオブジェである）、「ものとものの関係が今や完全に組み替えられてしまった」と鑑賞者に想像させることで効果を生むところにある。

ベッドより巨大な櫛は、もはやベッドに横たわるはずの人の頭髪に用いることができない。巨大な化粧用の刷毛は、クローゼットに入れる服を着られるような人の顔に用いることができない。

この部屋に詰め込まれた身の回り品を使うはずの不在の住人は、どのような大きさなのか決定できないだけでなく、ほとんどその存在が論理矛盾の域に追いやられてしまう。

第7章 組み合わせる

25 DÉPAYSEMENT

レビュー

※ いくつもの発想法の先駆「シュルレアリスム」（超現実主義）

20世紀最大の文学・芸術運動というべきシュルレアリスムは、アイデア関連本で触れられることは少ないが、いくつもの発想法の先駆であり、隠れた源泉である。

本書で取り上げただけでも、ノンストップ・ライティング（→42ページ）は自動書記法（オートマティズム）の流れを汲むものだし、エクスカーション（→58ページ）も、ブルトンの言う客観的偶然を求めてパリの街へ繰り出したシュルレアリストの活動を仕立て直したものである（たとえばアラゴンの「パリの農夫」は散歩を発想法として活用した彼らの様子を伝えている）。そして何よりシュルレアリストたちはフロイトを援用し〈夢の記述、récit de rêve〉を通じて無意識を詩や絵画に汲み上げる試みを繰り返した（→夢見、304ページ）。

またシュルレアリスムに先行して偶然のもつ可能性を追求したダダイズム[*1]を代表するトリスタン・ツァラは「帽子の中の言葉」という手法で、新聞記事を単語単位で切り離して帽子の中でかき混ぜ、ランダムに取り出し、それを並べて詩をつくっているが、ランダム刺激（→48ページ）をはじめとする偶然を用いて意図を脱する方法は、我々にはすでに親しいものである。

※ サルトルにボロクソ言われた理由

しかしシュルレアリスムが、発想法に寄与する最大のものは、この項

[*1] 第一次大戦中から戦後にかけ、ヨーロッパとアメリカを中心に各地で起こった芸術運動。伝統的なヨーロッパ的価値観に対抗し、既成の秩序や常識からの解放を目指した。チューリヒに集ったルーマニアの詩人T.ツァラ、ドイツの作家H.バル、アルザスの画家J.アルプらが主導した。その後この運動はベルリン、ハノーバー、ケルンなどにも広がり、パリではブルトン、アラゴンらが中心となった。サルガボで開かれたダダ祭を絶頂とする最盛期を迎えたものの、いわゆる「パリ会議」（1922、ブルトン提唱）へのツァラの不参加を期として、ブルトンらは独自の道を進み、パリのダダはシュルレアリスムへと発展的解消を遂げた。

1924〜1929年頃と見られるアンドレ・ブルトン。フランスの詩人、作家で、1919年に「自動記述」の実験を試み、1920年からダダ運動に参加、指導者の1人となるが、ツァラと対立して離脱。1924年に『シュルレアリスム宣言——溶ける魚』を刊行して、シュルレアリスム運動を正式に発足させた。第二次大戦中はニューヨークに亡命し、北米各地に同調者を得る。1947年にフランスに帰国、新世代の詩人・画家たちとともに運動を継続し、70歳でパリに没するまで、現代の文学・芸術の方向を左右する巨人の1人であり続けた。

目で取り上げるデペイズマンである。

シュルレアリスムは文学・造形美術の運動であるだけでなく、当事者たちにとってはそれ以上のものだった。少なくともそのマニフェストにおいては、特定分野に限定されない思考・感受・生活の方法であり、従来のものに取って代わろうとする野心を抱いた問題解決のアプローチだった。

彼らの野望は大胆すぎて、ほとんど〈若い〉というより〈子供っぽい〉というべき域に達していて、たとえば世界を変えようとするマルクスの野望と人生を変えようとするランボーの野望を一緒に実現しようと説いて、サルトルのような同時代の知識人にボロクソに批判されている。

しかしこの、ちょっとありえないくらい別々のものを大胆かつ不躾に結びつけてしまうことほど、シュルレアリスムらしいやり方はない。ブルトンの「シュルレアリスム宣言　第一宣言」から引用しよう。

「夢と現実という、一見まったく相容れない、二つの状態が、一種の絶対的現実、言うならば、超現実のなかに解消する日がくることをわたしは信じている」

✳ 関係を否定し、新しい関係をつくる

シュルレアリスムが企てるのは、つまるところさまざまな関係の変更である。人間を縛りつけ、その可能性を制約しているのは、何らかの関係であり結びつきなのだ。

シュルレアリスムはしかし、ただ伝統や様式や理性や論理で結ばれ

25 DÉPAYSEMENT

た関係を否定するところで止まらず(『すべてを棄てよ』アンドレ・ブルトン、1922)、むしろこれまで結びつきようがなかったものを関係させることで、さまざまな関係全体を変えようとする。彼らがまず俎上にあげたのが夢と現実の関係だった。

　しかしシュルレアリストはさらに先へ行く。

　「生と死、現実と想像、過去と未来、伝達可能なものと伝達不可能なもの、高いものと低いものとが、そこから見るともはや矛盾したものには感じられなくなる精神の一点がかならずや存在するはずである。そこで、この一点を突きとめる希望以外の動機をシュルレアリスム活動に求めても無駄である」(「シュルレアリスム宣言　第二宣言」ブルトン)

※ 互いにかけはなれた2つの実在の偶然の出会い

　アンドレ・ブルトンら詩人から始まったシュルレアリスムは、当初、意図的に偶然を利用することで意識下のイメージや連想を引き出そうとする自動書記法の経験を主要な武器としていた。

　後からこの運動に合流し、シュルレアリスム絵画に理念・技法の両面で豊富な貢献をしたマックス・エルンストは、シュルレアリスムに参加する以前から、既成の版画やカタログから切り取ったものを画面に貼り込み、主観的構成の意図をもたない「意想外の組み合わせ」をもたらすコラージュを技法として提唱・実践していた(1919〜)。

　1921年にパリで開かれたマックス・エルンストのコラージュ展の序文の中で、アンドレ・ブルトンは〈dépayser〉という動詞を用いた。「分離」を表す接頭語〈dé〉と「国、故郷」を表す語幹〈pays〉をもつこの語は「故郷から離す」「異なる環境に置く」という原義を、転じて「違和感をもたせる」「途方に暮れさせる」という意味をもつ。

　やがて、この語の名詞形がエルンストのコラージュ小説『百頭女』(1929)につけられたブルトンによる序文(前口上)に登場する。

　「超現実(シュルレアリスム)とはその上、一切のものの完璧なデペイズマンに対する、私たちの意欲に応じて得られるもの」

　エルンストも自らのコラージュの経験をこの言葉を用いて「ふさわ

しからざる一平面での、互いにかけ離れた2つの実在の偶然の出会い」、すなわち「組織的デペイズマンの諸効果の培養」「この方式（デペイズマン）を最も一般的な形で実行したもの」と総括する。

※ 矛盾と逸脱の出会いが詩的現実を生む

　ブルトンたちはロートレアモン伯爵の『マルドロールの歌』（1869）の一節「そしてなによりも、ミシンとコウモリ傘との、解剖台のうえでの偶然の出会いのように、彼は美しい！」を口にしていた。「第一宣言」では、さらにピエール・ルヴェルディ〔＊2〕を引用し、詩的イメージの力の源泉を指摘する。

　「イメージは精神の純粋な創造物である。イメージは直喩からは生まれることができず、多かれ少なかれ、互いに隔たった二つの現実の接近から生まれる。接近する二つの現実の関係が遠く、しかも適切であればあるほど、イメージはいっそう強まり――いっそう感動の力と詩的現実性をもつようになるだろう」

　2つがかけ離れ、互いに矛盾と逸脱を示せば示すほど、出会いは強烈な感動と詩的現実を生じさせる。ミシン、コウモリ傘という実用品は、それ自体は硬直した日常性を示すに過ぎないが、両者が思いがけず偶然に出会うと、素朴な用途、堅実な日常性は滑り落ち、新しい現実が出現する。新しい詩的現実では、コウモリ傘はミシンに恋をするだろう。デペイズマンは、シュルレアリストたちのこうしたアプローチを概念化・方法化したものだった。

　その後、自動書記法を絵画に取り入れたアンドレ・マッソンらの試みが抽象表現主義に受け継がれていったのに対し、デペイズマンは新しくシュルレアリスムに参加した画家、ルネ・マグリット、サルバドール・ダリを経て、ポップカルチャーに影響を与えていく。

　　〔＊2〕ルヴェルディ（Pierre Reverdy, 1889 - 1960）は、アポリネール、ピカソなどキュビスム
　　　の画家や詩人たちとも交際した詩人であり、キュビスムの理論家としてとくに散文詩に優れ、
　　　現実の諸要素を分解し、異質なイメージの結合によってさらに深い詩的現実を表現する詩論
　　　によりシュルレアリストたちに影響を与えた。

第7章　組み合わせる

25 DÉPAYSEMENT

CHERRY SPLIT

26
さくらんぼ分割法
軽便にして増減自在の、新世代型組み合わせ術
（アルス・コンビナトリア）

難易度 💡💡💡💡💡

開発者

エドワード・デボノ（Edward de Bono, 1933-）
マイケル・マハルコ（Michael Michalko）

参考文献

Bono, E. D. (1970). Lateral thinking: Creativity step by step. In Harper colophon books. Harper & Row.
『アイデア・バイブル』（マイケル・マハルコ、ダイヤモンド社、2012）

用途と用例

◎ 既成のアイデアを改善したいとき。
◎ 既成のアイデアを元に多くのバリエーションを得たいとき。

レシピ

1 課題を簡潔に「○○を△△する」または「○○な△△」というふうに2語で表現する。

2 表現の2語（○○と△△）について、それぞれ属性を考え、2つの属性に分割する。

3 それぞれの属性について、さらに2つの属性に分割する。これを十分だと思うまで繰り返す。

4 分割してできたたくさんの属性から、好きなように組み合わせて新しいアイデアをつくる。

サンプル

懐中電灯の例

　1「懐中電灯」を「懐中できる電灯」と表現する。

　2-①「懐中」を「小さい」と「軽い」に分ける（小さくて軽いから「懐中」に携帯できる、と考える）。

　2-②「電灯」を「光源」と「電源」に分ける（「電灯」を実現するに

は、光る「光源」と電力を供給する「電源」が必要、と考える)。

3-①-①「小さい」を「スリム」と「短い」に分ける(携帯できる「小ささ」を実現するには「スリム」か「短い」か、少なくともどちらかが実現できればいい、と考える)。

3-①-②「軽い」を「軽い材料」と「軽い構造」に分ける(携帯できる「軽さ」を実現するには「軽い材料」か「軽い構造」か、少なくともどちらかが実現できればいい、と考える)。……(以下、同様)

こうした2分割を繰り返すと、次のようになる。

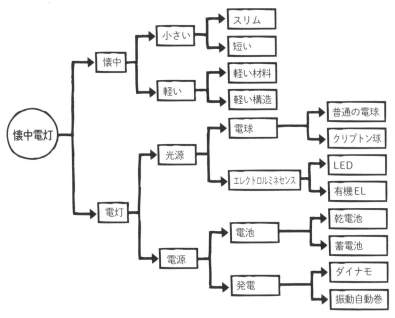

4 こうしてできた属性から、好きなように組み合わせて新しいアイデアをつくる。

☞ たとえば光源に LED を、電源に〈ダイナモ〉と〈蓄電池〉を使って、電池のいらない災害用懐中電灯をつくる、など。

発想法の例

❶「発想法」を「アイデア」を「生産する」と表現する。

❷-①「アイデア」を「新奇な」と「有用な」に分ける。

☞生み出すべきアイデアは、新奇でなければならないし、有用でなくてもならない、と考える。どこかで見たようなアイデアや役に立たないアイデアだけしか生まれないなら、わざわざ発想法を開発する意味がないから。

❷-②「生産」を「材料」と「加工」に分ける。

☞何かを生み出すためには、その材料が必要。材料そのままでは、新しいものを生み出すことにはならないから、その加工が必要、と考える。

❸-①-①「新奇な」を「新しい」と「他にはない」に分ける。

❸-①-②「有用な」を「効果のある」と「実行可能な」に分ける。

❸-①-③「材料」を「課題特殊なドメイン知識」と「無関係な情報」に分ける。

☞特定領域において有用なアイデアを生み出すには、その領域についての深い知識が必要である。「何も知らないことが自由な発想を生み出す」という創造性の神話は現在では否定されている。特定分野で長く教育を受けるうちにその副作用として固定した見方や従来のやり方への神聖視が生まれることも確かだが、このことは無知が自由な発想につながることとは直接関係がない。また、そうした観点の固着のメカニズムが同定され、対抗手法が開発されてきた現代では、ドメイン知識と発想の有効性は概ねプラスの相関がある [*1]。

　新しい発想は、既存の知識とそれとは関連のない、時として異分野の情報との結合から生まれることが多い。発想の材料と

[*1] たとえば Gardner, H. (1993). Creating minds. New York:Basic Books は、さまざまな分野を調査し、人々が最も創造的になるのは、その分野に入って10年も経った後であることを確認している。一通りでない深い理解が、創造性のベースにあることが多くの研究によって確認されている。

26 CHERRY SPLIT

して「無関係な情報」が必要とされる理由である。

❸ −②−④「加工」を「組み立て」と「品質チェック」に分ける。
☞新しいアイデアは既存のものの組み合わせにほかならない、組み合わせの多くは失敗品であり、良いアイデアはその中からガラクタを捨てて良いものを選び出すことから生まれる、という伝統的な考えを採用した。

❹ こうして出てきた属性から、好きなように組み合わせて発想法をつくる。
☞たとえば「無関係な情報」と「組み立て」と「品質チェック」を組み合わせて、ランダムな語句の組み合わせをチェックする方法（→ランダム刺激、48ページ）がつくられる。

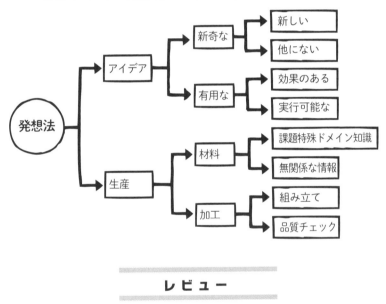

レビュー

※ 属性列挙法や形態分析法の簡易版
　さくらんぼ分割はデボノのFractionation（細分化）という技法をマハ

ルコが名付け直したもので、さくらんぼの房のように2つに分けることに由来する。

これは属性列挙法（199ページ）や形態分析法（205ページ）と同じ系列の手法であり、先輩であるそれら手法の簡易版である。この系列の手法は、課題についての固定化された見方を、属性への分解を繰り返すことで解体し、自由な発想を可能にする環境をつくり出す。

我々の思考は、内外の刺激による影響を受けやすい。固着誘導の実験では、事前に見せられたデザイン例に含まれる要素は（たとえそれらの要素を含まないように明確な指示があった場合にも、デザインの目的に反する要素であっても）、その後発想されたアイデアに取り入れられることが多いことが示されている[*2]。

属性の拘束をキャンセルするためのアプローチの1つが、属性列挙法や形態分析法に見られる属性の総当たり的組み合わせの手法である。

属性列挙法や形態分析法は、問題や対象を要素／側面に分割し、その組み合わせを総当たり的に調べるところに長所と短所がある。長所は、総当たり的に検討することで我々の先入観や偏りを抜け出て、自然には思いつかなかっただろう領域まで発想の可能性を広げることである。短所は総当たり的な作業のため、組み合わせの数が爆発的に増加してしまい、時間や負担が激増してしまうところである。

さくらんぼ分割が簡易版であるというのは、分解と合成（組み合わせ）という長所を残しながら、短所（大変さ）を抑え込むことに成功しているからである。先輩手法に比べて気軽に取り組むことができ、総当たり性、網羅性は保証されないが、先入観や偏りのために見逃しがちなものを拾ってくれる。

※ 網羅性を期待しないからこその優位性

形態分析法と属性列挙法の大変さは、じつは組み合わせの数よりも、

[*2] Jansson, D. G., & Smith, S. M. (1991). Design fixation. Design studies, 12(1), 3-11.

26 CHERRY SPLIT

その前段である変数や属性を網羅的に拾い出すところにある。見逃しなく、構成要素／属性を拾い上げることはかなり難しい。

　さくらんぼ分割の改善は、その網羅性を最初から潔く断念している。その代わりに、目下注目している課題や属性をただ2つに分けることだけを考える。2分割を可能なだけ、また必要なだけ繰り返せば、網羅的にはならなくとも、主だった側面や属性は何とかフォローできるのではないか、という厳密ならざるアプローチを取る。

　そもそも網羅性を期待しないので、気楽に実施できるところがこの技法のメリットである。もし属性の拾い出しが不十分だと感じたら、2分割の作業をさらに続ければよい。2分割を続けながら属性を増やしていくので、属性を増やしすぎず止めることも、万が一増やしすぎたらその手前に戻って属性を減らすことも、容易である。

　2分割なら属性の部分集合だろうが、主語－述語関係だろうがなんでもいい、という緩さも発想者にやさしい。

※ 膨大な組み合わせを生成可能

　こんな緩さで、十分な数の組み合わせが得られるのだろうか？　そこはあまり心配しなくてもよさそうだ。

　2分割を繰り返すことで、たとえば3回の分割では属性、前段の属性を含めれば12属性が得られる。さくらんぼ分割は、こうして得られた属性から、好きな個数を取り上げて組み合わせる方式なので、8属性なら最大4万通り強、12属性なら最大で4.7億通り強の組み合わせが得られることになる。

ATTRIBUTE LISTING

27
属性列挙法
潜在的な記憶宝庫を賦活化し使い倒す

難易度 💡 💡 💡 💡 💡

開発者
ロバート・クロフォード（Robert Platt Crawford, 1903-1961）

参考文献
R. P. Crawford(1954), The Techniques of Creative Thinking : how to use your ideas to achieve success, Hawthorn Books.

用途と用例
◎ **既成のアイデアを改善したいとき。**
◎ **既成のアイデアを元に多くのバリエーションを得たいとき。**

レシピ

1 改善したいもの（既成のアイデア）を選ぶ。

2 改善したいものの属性を列挙する。
　☞ この際、《名詞的属性》《形容詞的属性》《動詞的属性》という3分類が導きとなる。

3 ある程度、属性が列挙できたら、重複／類似している属性を1つにし、矛盾／対立する属性がある場合はどちらかを選び、まとめていく。

4 こうしてできた属性のリストを名詞的属性、形容詞的属性、動詞的属性という3分類に整理する。

　　《名詞的属性》名詞によって表現される属性。
　　　　例：全体、部分、材料、製法など
　　《形容詞的属性》形容詞によって表現される属性。
　　　　例：性質（形状や軽重）、状態
　　《動詞的属性》動詞によって表現される属性。
　　　　例：機能

5 完成した属性リストから、1つずつ属性を取り出し、改良したり変更したりして改良のアイデアをつくる。
　☞ たとえば「材料」という属性について〈鉄〉から〈アルミニウム〉に変更するなど。

6 **5**でできたアイデアを組み合わせたり、追加して、さらにアイデアを発展させる。

既成のアイデアの属性を発展させる

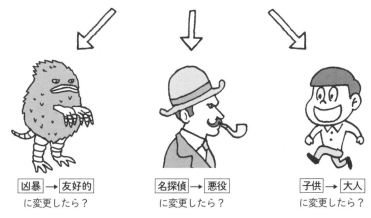

サンプル

懐中電灯を使った例

❶ 改善したいもの（既成のアイデア）を選ぶ。

☞懐中電灯

❷ 改善したいものの属性を列挙する。

☞◎コンパクトさ－懐中というくらいで持ち運べる小ささが売り。では、もっと小さく、薄く、できないか？　逆に大きくする手はないか？

　◎明るく照らす以外の技能は考えられないか？　点滅で知らせる、ピンポイントに照らす、反対に広い面を照らすなど。どのみち電源は必要なのだから、電気を使って他の機能にするとどうか？　ラジオや充電器？

　◎材質はどうするか？　この要素は重さや耐久性、そして価格にも関わってくるだろう。

❸ ある程度、属性が列挙できたら、重複／類似している属性を1つにし、矛盾／対立する属性がある場合はどちらかを選び、属

27 ATTRIBUTE LISTING

性をまとめていく。

4 こうしてできた属性のリストを名詞的属性、形容詞的属性、動詞的属性という3分類に整理する。

《名詞的属性》名詞によって表現される属性（全体、部分、材料、製法など）。

  本体の素材　　プラスチック、金属
  光　　源　　豆電球、蛍光灯、LED、有機 EL、HID ライト
  電　　源　　マンガン乾電池、アルカリ乾電池、リチウム電池、ダイナモ、自動巻振動発電
  スイッチ　　例：On（点灯）/ Off（消灯）。ライト以外の機能をつけるならその操作スイッチも

《形容詞的属性》形容詞によって表現される属性（性質、形状や軽重、状態）。

  形　　状　　円筒形、ペン型、キーホルダー型、ヘッドランプ型、ランタン型
  サイズ　　例：手の中に隠れる小ささ〜片手で持てる大きさ〜肩に担ぐ大きさ
  耐久性　　例：
  価　　格　　例：

《動詞的属性》動詞によって表現される属性（機能）。

  基本機能　　例：明るく照らす、スポット点を照らす、面を照らす
  応用機能　　例：点滅して知らせる
  追加機能　　例：ラジオ、充電器

❺ 完成した属性リストから、1つずつ属性を取り出し改良したり変更したりして、改良のアイデアをつくる。

《キーホルダーライト》

本体の素材	プラスチック
光　源	LED
電　源	ボタン電池
スイッチ	マイクロスイッチによる On（点灯）/ Off（消灯）
形　状	キーホルダー型
サイズ	手の中に隠れる小ささ
耐久性	最低限
価　格	100 円
基本機能	明るく照らす
応用機能	なし
追加機能	なし

《マグライト 6D》

本体の素材	ジュラルミン
光　源	クリプトン球
電　源	乾電池（単 I を 6 本）
スイッチ	スイッチによる On（点灯）/ Off（消灯）
形　状	円筒形
サイズ	長さ数十 cm
耐久性	耐衝撃性・耐水性に富み、堅牢さを誇る
価　格	5000 円
基本機能	明るく照らす
応用機能	堅牢さにより、夜間の警備などで警棒としても使用可能
追加機能	なし

❻ ❺でできたアイデアを組み合わせたり、追加してさらにアイデアを発展させる。

レビュー

※ **ある条件下における可能性を徹底的に追求**

　属性列挙法は、1930年代初めに登場した創造性手法の中でも古い技法の1つである。この技法から形態分析法（→ 205ページ）やバリューエンジニアリング[*1]といった多くの技法が派生・発展した。

　その基本プロセスは、ベースとなるものを(a)属性へと分解し、(b)属性レベルでの変更（変換）を経た後に再構成することからなっている。

　サンプルにあるように、もともとは製品（ハードウェア）の改良／改善などの技術的問題解決に用いられたものである。つまり、満たすべき条件／要件に沿ったアイデアを求めるのに効率がよい方法である。

　言い換えれば、閉じたシステムの中において、その可能性を探り尽くすための手法であるといえる。

　たとえばサンプルのように、1つの範例（先の例ではありきたりな懐中電灯）からスタートし、その属性のいくつかについて条件を満たす範囲で変更していく作業は、重なりなく個性を生み出しながら、しかし逸脱をつくり出さない効率的なものになっている。

[*1] バリューエンジニアリングは、1947年アメリカのゼネラル・エレクトリック社のL.D.マイルズによって開発された手法で、製品やサービスの価値（Value）を、機能（Function）とコスト（Cost）の関係で表し、価値を改善しようとするものである。製品やサービスの目的とその実現手段を分けて考え、同じ目的を（たとえばよりコストの低い）他の手段で実現できないかを考えていく。

28 形態分析法
鬼才天文学者が開発した総当たり的発想法

難易度 💡💡💡💡💡

開発者
フリッツ・ツビッキー（Fritz Zwicky、1898–1974）

参考文献
Zwicky, F. (1957). Morphological astronomy. Springer Science & Business Media.
Zwicky, F. (1969), Discovery, Invention, Research Through the Morphological Approach, Toronto: The Macmillan Company

用途と用例
◎ 発想を制限する先入観や事前評価を徹底して取り除く。
◎ 問題解決のあらゆる可能性を検討する。

レシピ

1 解決すべき問題を明確にする。

2 問題を構成する N 個の構成部分・側面（これを独立変数と呼ぶ）に分ける。

3 各独立変数ごとに考えられる具体的な事柄（独立変数の要素）を列挙する。

4 各独立変数のそれぞれの要素を掛け合わせて、すべての要素の組み合わせを一覧できる形態分析チャートをつくる。

5 すべての組み合わせについて解決策を検討して評価する。

サンプル

1 解決すべき問題を明確にする。
　☞運搬機の開発：あるものを、動力がついた運搬装置で他の場所へ移動させる。

2 問題を構成する N 個の構成部分・側面（これを独立変数と呼ぶ）に分ける。
　☞ここではこの装置を、3つの側面に分けて考えることにした（3つの独立変数）。
　　①運搬具のタイプ、②運搬具が移動する際の媒体、③動力源

3 各独立変数ごとに考えられる具体的な事柄（独立変数の要素）を列挙する。
　☞それぞれの独立変数の要素として、次の通り列挙した。
　　①運搬具のタイプ：カート型、椅子型、吊り上げ機型、ベッド型
　　②運搬具が移動する際の媒体：空気、水、油、固い表面、摩擦の

ない表面、ローラー、レール
　　③動力源：原子力、ベルト、ケーブル、磁気、蒸気、電気、内燃機関、圧搾空気

4 **各独立変数のそれぞれの要素を掛け合わせて、すべての要素の組み合わせを一覧できる形態分析チャート（ツビッキー・ボックスともいう）をつくる。**

　☞ 3つの独立変数の場合は、以下のような立体ができる。

5 **すべての組み合わせについて解決策を検討して評価する。**

　☞ このケースでは 4 × 7 × 8 = 224 通りの組み合わせができる。つまり224種類の運搬具のアイデアを生成する。この中から、不可能なものや望ましくないものを取り除き、最適なものを選んでいく。

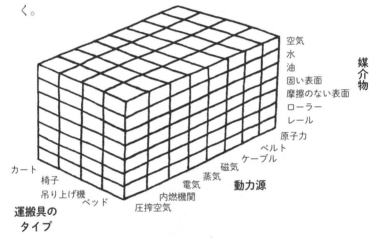

- 椅子型 - 空気 - ケーブル = **リフト**
- 吊り上げ機型 - 空気 - ケーブル = **ゴンドラリフト、ロープウェイ**
- カート型 - レール - ケーブル = **ケーブルカー**
- カート型 - レール - 電気 = **電車**

28 MORPHOLOGICAL ANALYSIS

レビュー

※鬼才ツビッキーの問題解決法

　形態分析法は超新星研究のパイオニア[*1]であり、ミッシングマス（のちのダークマター）の提唱者[*2]でもある、天文学者フリッツ・ツビッキーが開発した問題解決技法である。

　シャーロック・ホームズばりのモットー「明らかに不可能と証明されないかぎり、何事も不可能と認められるべきではない」を基本精神に、ツビッキーはこの方法を、専門の宇宙物理学からジェット＆ロケット・エンジンの開発、さらには宇宙旅行および植民（スペースコロニー）が引き起こすだろう法的問題の分析にまで用いた。

フリッツ・ツビッキー。アメリカで活躍したスイス国籍の天文学者。広く銀河系と恒星間の問題を研究し、密集星雲の標準一覧表〈銀河と銀河団のカタログ〉(1961-1968)を作成。100個以上の超新星を発見した超新星研究のパイオニアであり、またダークマターの概念を提起した。

※ 我々凡人のための形態分析法

　形態分析法は、問題解決における人の先入観や事前評価を徹底的に回避し、すべての可能性を検討するよう問題解決者に要求する方法であるが、この長所の反面、検討すべき組み合わせの数が簡単に増加してしまうという欠点がある。ツビッキー自身は、推進エンジンの開発に6つの独立変数をあげ、576通りの組み合わせを検討しているが、これだけの数を投げ出さずに検討できる粘り強さと与えられた時間で考察し切る能力をもつ人は多くない。

　我々のような凡人向けの方針としては、

- 独立変数の数、独立変数内の要素数をともに7個以内に収める。
- 組み合わせの数は50〜100程度に収める。
- 組み合わせ数が300以上を超えたら、独立変数の数を減らすか、何らかの方法で組み合わせの数を減らす（検討する組み合わせをランダムに選ぶのも可）、あるいは別の手法への切り替えを検討する。

※ マイロン・アレンのモーフォライザー

　マイロン・アレンはツビッキーの方法を変更し、独立変数ごとに別の紙に要素を書き出して、それらの紙を上下に動かしながら組み合わせを変えていくモーフォライザーという用具を開発した。

　現在では、コンピュータ上で動く形態分析法のためのソフトウェアがある [* 3]。

　形態分析法はロバート・クロフォードが開発した属性列挙法（→ 199ページ）の拡張であるので、形態分析法では組み合わせ数が手に負えな

[* 1] Zwicky, F. (1933), "Die Rotverschiebung von extragalaktischen Nebeln", Helvetica Physica Acta, 6: 110–127.

[* 2] Baade, W.; Zwicky, F. (1934), "On Super-Novae", Proceedings of the National Academy of Sciences, 20 (5): 254–259.

[* 3] たとえば、MA/CarmaTM (Computer-Aided Resource for Morphological Analysis) http://www.swemorph.com/macarma.html

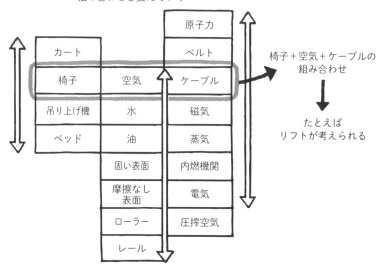

くなった場合の切り替え先としては、属性列挙法や AIDA 法 [＊4]、その他類似の方法（→たとえばマイケル・マハルコのさくらんぼ分割法、192 ページなど）が考えられる。

[＊4] AIDA（Analysis of Interactive Decision Areas）法は J. ラックマンによって 1967 年に開発された方法。n 個の要素や問題から、総当たり的にペアをつくり検討していくもの。Luckman, J. (1967) Operational Research Quarterly, 18, 345-58.

29
モールスのライバル学習

あえて避けているところはないか？
そこに探しているものはないか？

難易度 💡 💡 💡 💡 💡

開発者
サミュエル・モールス（Samuel Finley Breese Morse, 1791 - 1872）

参考文献
『電気革命——モールス、ファラデー、チューリング』（デイヴィッド・ボダニス、新潮文庫、2016）

用途と用例
◎ 難問に突き当たったとき。
◎ ブレイクスルーを手早く得たいとき。

レシピ

1 解決すべき課題を特定する。

2 同じ課題を抱える先行者やライバルがどのように課題を解決しているかを観察する。

3 先行者／ライバルの解決法を、自分の課題に応用できないか考える。

サンプル

実例：モールス電信機（長距離高速通信を実現し、大陸間に瞬時に情報が伝達される世界のはじまり、1836）

　サミュエル・モールスは当代一流の肖像画家として知られており、元大統領ジョン・アダムズやアメリカ合衆国の独立を支援したラファイエット侯爵の肖像画を依頼されるほどの画家だった。

　ワシントンD.C.でラファイエット侯爵の肖像画に取り組むモールスに、早馬で運ばれた父からの「妻危篤」の知らせが届いた。モールスはすぐさまニューヘイブンへと戻ったが、彼が到着したときには、妻はすでに埋葬された後だった。妻の最期を看取れなかったことに深く傷ついたモールスは、高速の長距離通信手段の研

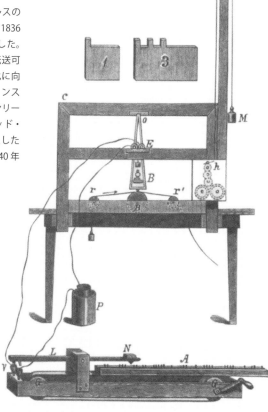

初期のサミュエル・モールスの電信機の図面。モールスは 1836 年に独自に電信機を開発した。低品質な導線でも長距離伝送可能な設計によって、実用化に向けて大きく前進した。プリンストン大学教授ジョセフ・ヘンリーの指導と技術者アルフレッド・ヴェイルの協力の下、改良した符号と電信機との特許を 1840 年 6 月 20 日に取得した。

究に取り組んだ。

　モールスは、電磁気学の実験を見聞し、電磁石を使った電信機をつくることに着手した。

❶ 解決すべき課題を特定する。

☞モールスが最初に発明した電信機は、数百ヤード以上の電線では信号が減衰してしまい、長距離伝送できないという問題に直

面した。

❷ 同じ課題を抱える先行者やライバルがどのように課題を解決しているかを観察する。

☞モールスの電信は、それまでの早馬による通信に取って代わろうとするものだった。

☞では、早馬は長距離通信という問題にどう対処しているのか？ 一定の距離ごとに駅を置き、そこで馬を乗り換えてリレー方式で運ぶ駅伝制というシステムがその答えだった。

❸ 先行者／ライバルの解決法を、自分の課題に応用できないか考える。

☞モールスは、駅伝制からヒントを得た。そして、電信線の途中に一定間隔で継電器を設置し、16km以上の信号伝送に成功した。

レビュー

※ 我々の発想力を抑えつけているものの正体

　先行者／ライバルに学ぶことは、わざわざ名前をつける必要がないほど、至るところで繰り返されるありきたりな行為である。新人は先輩の立ち振る舞いを見て学び、クリエイターはパクリをインスパイアと言い換え、企業は同業他社のヒット商品のそっくりさんを市場に投下する。

　モールスの学びが、それらと似て非なるのは、モールスの挑戦がもともと早馬に対する強い失望から始まるからだ。彼のやったことを喩えて言うなら、親の敵に勝てるようになるために、その当の敵に剣術を習うような話である。

　良いアイデアを生むためには、我々が無意識に自身に課している制約や枷（かせ）を外して、自由な発想をすることが必要だ、とは誰もが唱えるお題目である。

　しかし我々の着想を縛るのは、単なる偏見や思い込みばかりではない。自分が大切に思っているもの、今の自分を決定づけた大切な体験など、自分にとって宝物に値するものこそ、我々の発想を制約し枷をはめる。

※ すべての発想者が心に留める価値がある

　この枷をはずすことはとても難しい。発想を縛るものから自由になることは、時にはかなりの難行となる。

　あなたがいの一番に避けて通るもの、どれだけ強い圧力をかけられてもそれだけは決して選ぼうとしないものであっても、必要ならあえて選

ぶ先にある、自由。

　モールスが長距離通信を可能とする〈継電器〉というアイデアをものにできたのは、もともとの自分の動機づけ、すなわち妻の死に目に会えなかったという事情や悲しみという枷さえも、目的実現のためにはあえて振り払うことを厭わなかったからだ。

　だからこそ、モールスの逸話はすべての発想者が心に留める価値がある。

　あえて避けているところはないか？　そこにこそ探しているものはないか？

足枷を外してようやくライバルと競える

30 弁証法的発想法
矛盾や対立こそ創造的発見のヒント

難易度 💡💡💡💡💡

開発者

G.W.F. ヘーゲル（Georg Wilhelm Friedrich Hegel, 1770 - 1831）

江川玟成（1942 -）

参考文献

『小論理学』（ヘーゲル、岩波文庫、1973）
『使える弁証法——ヘーゲルが分かればIT社会の未来が見える』（田坂広志、東洋経済新報社、2005）
『クリエイティビティの心理学』（江川玟成、金子書房、2013）

用途と用例

◎ 矛盾・対立に直面して行き詰まったとき。
◎ 難問を解決するアイデアを得たいとき。

レシピ

- **場合別、時間差で矛盾／対立が共存できる可能性を探る。**
  - ☞《自問自答する際に使える「導きの問い」》
    - ◎ 状況や場合によって「○○である」が成り立ったり、「○○でない」が成り立ったりすることがありうるだろうか？
    - ◎ どのような場合分け（住み分け、状況ごとの対応）があれば、この矛盾／対立は解消できるだろうか？
    - ◎ 時間の進行によって「○○である」が成り立ったり、「○○でない」が成り立ったりすることがありうるだろうか？
    - ◎ どのような変化（成長・衰退・交代など）があれば、この矛盾／対立は解消できるだろうか？

- **矛盾／対立が同時共存できる可能性を探る。**
  - ☞《自問自答する際に使える「導きの問い」》
    - ◎ 同時に「○○である」が成り立ったり、「○○でない」が成り立ったりすることがありうるだろうか？
    - ◎ より上位の観点から見直すことで、その対立／矛盾が解決できないだろうか？
    - ◎ どのような視点変更や問題設定の変化があれば、この矛盾／対立は解消できるだろうか？
    - ◎ 矛盾／対立に陥るという考え方は、どのような前提をもっているだろうか？　その前提は本当に確かだろうか？　その前提を変えることは不可能だろうか？

■ 否定の否定を探る。
　☞《自問自答する際に使える「導きの問い」》
　　◎敗れ去ったもの、克服されたものの中に、現状を乗り越えるヒントはないか？

サンプル

交渉学で取り上げられる「オレンジの姉妹」の例──場合別共存の可能性を探る

　幼い姉妹が1個のオレンジをめぐって争っている。姉も妹も「オレンジが欲しい！」と主張し譲る気がない。

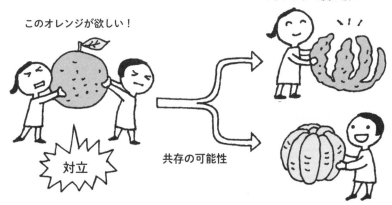

☞ Q.どのような場合分け（住み分け、状況ごとの対応）があれば、この矛盾／対立は解消できるだろうか？
A.たとえば姉はジャムをつくりたい、妹はオレンジピールをつくりたい、という場合ならば、姉は実の部分を、妹は皮の部分をとればよい。

一粒の麦（ヨハネによる福音書）──否定の否定を探る

「一粒の麦、地に落ちて死なずば、唯一にて在らん。もし死なば、多くの果を結ぶべし」

☞ 一粒の麦は、地に落ちて死ななければ、一粒のままである。だが、死ねば（否定）、多くの実を結ぶ（否定の否定）。

ネットオークションにおける「競り」の復活──否定の否定を探る [＊1]

大量生産と流通が未発達の時代、地域ごとに切り離された市場（いちば）では値札による定価販売はなく、どこでも値段交渉が行われていた。

☞ 大量生産と流通が発達すると一物一価が広がり、値札による定価取引が当たり前になった（否定）。インターネットが普及して、価格

［＊1］『使える弁証法──ヘーゲルが分かればIT社会の未来が見える』

情報の収集コストや、売り手と買い手がマッチングするコストが下がり、かえってネットオークションという形で非定価取引が復活した（否定の否定）。

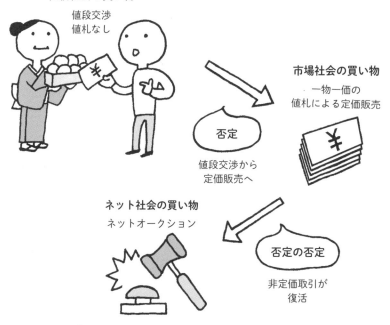

駅とモールスの継電器──否定の否定を探る

　電信が発明される以前には、最も高速な情報伝達手段は駅ごとに馬を乗り継ぐ早馬だった。
　☞モールスは電気信号を使った電信機で、馬の速度を遥かに上回る情報伝達速度を実現したが、導線の抵抗のために数百ヤードとい

う短距離でしか情報を送れなかった（否定）。モールスは自分が乗り越えようとした早馬のシステムから「馬を乗り継ぐ」という仕組みを学び、電信線の途中に一定間隔で継電器を設置し、16km以上の信号伝送に成功した（否定の否定）（→モールスのライバル学習、211ページ）。

レビュー

❖ 真理は否定の繰り返しで求められた

　数千年の歴史をもつ哲学では、長い時間の経過によって用語の意味が変わってしまうことも少なくない。

　弁証法は、もともと対話術（ギリシア語で dialektikē technē）を表す言葉であり、対話を通じて主張（命題）を理詰めで吟味していく手法を意味した。

　たとえばソクラテスが対話篇でやっているのがそれである。問いを立て、それに答えるというこの方法は、批判的思考を活性化させ、当たり前だと思っていた考えを吟味していく。そのプロセスは、吟味する中で矛盾につながる主張を次々と排除していく作業となる。こうした否定の繰り返しを経て、真理に向かおうとする精神的営為を弁証法と呼んだ。

❖ 哲学からあらゆる問題解決へ広がった弁証法

　時代を経て、19世紀ドイツの哲学者ヘーゲルに至っては、否定を経て真理へ向かうプロセスは問答する哲学者に限ったものではなくなっ

た。

　精神に限らず、発展・成長・変化するものにはみな、否定とさらにその否定を経て1つ上のレベルへと向かうことを繰り返していく、とヘーゲルは考える。つまり精神の構成から哲学の歴史、国家や社会の仕組みから世界のあり方まで、ダイナミックに変化していくものとしてシームレスに扱うことができると考え、実際にやってみせた（そして少なくとも知的世界のかなりの領域を席巻した）。

　このためにヘーゲルが使った強力なツールが弁証法である（ヘーゲル自身は単なるツールではなく、論理、精神、歴史、自然を貫く理法だと考えていただろうけれど）［＊2］。

※ 創造的発見が生まれる過酷な条件

　さて、発想法や創造性研究に戻ってくると、科学にしろ芸術にしろ（そしてビジネスにおいても）、創造的発見はいつも通りでない非常套的なやり方を強制されるような、それまでになかったような変わった状況下において生じることが多いことが知られている。

　そして我々をいつも通りでないやり方に追い込む最たるものこそ、容易に解消されそうにない矛盾や対立と取っ組み合うことである。

　矛盾を要とする発想法／問題解決手法には、旧ソ連海軍の特許審議官アルトシュラーが開発したTRIZ（Теория решения изобретательских задач）［＊3］や、制約条件理論の思考プロセスの1つ対立解消図（蒸発する雲とも、→224ページ）があるが、江川は弁証法を1つの物事の中に矛盾・対立を見いだして創造的に処理する方法と捉え直し、発想法の1つに仕立て直した。

［＊2］ちなみに弁証法の解説によく用いられるテーゼ／アンチ・テーゼ／ジン・テーゼという用語をヘーゲルは使っていない。これらを使ったのは詩人シラーと哲学者フィヒテ。

［＊3］TRIZは旧ソ連海軍の特許審議官アルトシュラーが膨大な特許情報を分析した結果より導き出した発明原理をベースとする問題解決法である。発明上の問題は、ある部分を改善しようとすると別の部分が悪化するといった「技術的矛盾」を含んでいる。TRIZでは39個の技術特性を組み合わせて技術的矛盾を網羅したマトリクスの交点に、技術的矛盾を解決する40の発明原理を配置し、問題解決の導きとする。

30 DIALECTICAL THINKING

EVAPORATING CLOUD

31
対立解消図（蒸発する雲）
組織／社会の問題から個人の悩みまで、
対立／ジレンマを解体するスキナーナイフ

難易度 💡💡💡💡💡

開発者
エリヤフ・ゴールドラット（Eliyahu Moshe Goldratt, 1948 - 2011）

参考文献
『ザ・ゴール 2――思考プロセス』（エリヤフ・ゴールドラット、ダイヤモンド社、2002）
『ゴールドラット博士の論理思考プロセス――TOC で最強の会社を創り出せ！』（H. ウイリアム デトマー、同友館、2006）

用途と用例
◎ 対立する状況やジレンマの構造を一望化する。
◎ 対立する状況やジレンマを構成する仮定を明確にする。

レシピ

❶ 対立し合う行動や状況を確定して前提条件（DとD'）に書き込む。

☞ 2者の対立であれば「こちら側が望む行動・状況は何か？」「あちら側が望む行動・状況は何か？」と考える。
自分の中のジレンマであれば、「2つとも望んでいるが両立しない行動／状況」を探す。

❷ 前提条件のそれぞれについて必要条件（BとC）を考えて書き込む。

☞ 前提条件として選んだ2つの行動／状況によって、それぞれ実現したいもの（ニーズ）が何かを考える。
DからBへ向かう矢印は、「BであるためにはD（行動／状況）が必要である」を意味する。同じくD'からCへ向かう矢印は、「CであるためにはD'（行動／状況）が必要である」を意味する。
「何のために行動D（もしくはD'）をするのか？ 何のために状況D（もしくはD'）となることを望んでいるのか？」と考えるとよい。その答えが必要条件B（もしくはC）となる。

❸ 必要条件から両者がともに実現したいものがないかを考え、共通目的（A）に書き込む。

☞ 共通目的を見つけるためには、より広い観点から状況を捉える必要がある。そのために前提条件から「それは何のためか？」と問い、必要条件を導いた。同じことをもう一度問い、さらに幅広い視点の「大きな絵」で考える。

「Bというニーズを満たすことで実現したいもの」と「Cというニーズを満たすことで実現したいもの」とで、共通する目的は何かを探る。

1つの社会や組織、あるいは1人の個人の中での対立／ジレンマから始めていれば、共通目標はほぼ必ず見つかるものである。社会や組織、個人の究極目標やその近くに見つかることが多い。

そして共通目的が見つかれば、対立／ジレンマを解く方法は必ずあると期待していい。

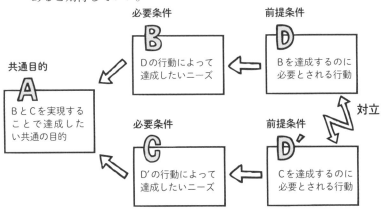

❹ 対立／ジレンマをつくり出している仮定を見つけ出し、そのうち1つの変更を考える。

☞ ❸までで対立／ジレンマの状況を一望化する対立解消図が書くことができた。次は対立構造に介入し、対立／ジレンマを解くアプローチを考える。

対立／ジレンマをつくり出すものは、前提条件と必要条件と目標をつなぐ4つの矢印に潜んでいる。これら4つの矢印について1つずつ、「根拠のない思い込みではないか？」「必ずしもつながらないのではないか？（何か特定の条件下でのみ成立するだけではないか？）」と点検／検討していく。

☞たとえばDからBへ向かう矢印を検討するには、《Bであるためには D（行動／状況）が必要である。なぜなら（　　　　　）であるからである》というフォーマットの空欄を埋めることを考える。この空欄を埋めるものが、矢印の根拠としていた（多くは無自覚の）仮定である。

いずれかの矢印について仮定を（部分的にであれ）否定することができ、つまり矢印を切ることができれば、それが対立／ジレンマ解消のための介入策の元となる。

サンプル

チャーシュー麺しか出さないラーメン屋が売上を増やすために

❶ 対立し合う行動や状況を確定して前提条件（DとD'）に書き込む。

☞たった1つのメニュー（チャーシュー麺）しかないラーメン屋で、店長はその値上げか値下げかで悩んでいる。もちろん値上げと値下げは両立しない。

❷ 前提条件のそれぞれについて必要条件（BとC）を考えて書き込む。

☞前提条件D「値下げする」について「何のために必要か？」と考えると、値下げするのは売れる数を増やすためであるのは間違いない。必要条件Bは「販売数を増やす」である。

☞前提条件D'「値上げする」について「何のために必要か？」と考えると、値上げするのは一食当たりの売上を増やすために違いない。必要条件Cは「一商品当たりの売上を増やす」である。

❸ 必要条件から両者がともに実現したいものがないかを考え、共通目的（A）に書き込む。

☞必要条件B「販売数を増やす」と必要条件C「一商品当たりの売

上を増やす」が、共通して実現しようとしているのは、当然ながら、店の売上を増やすことである。共通目的Aは「売上を増やす」である。

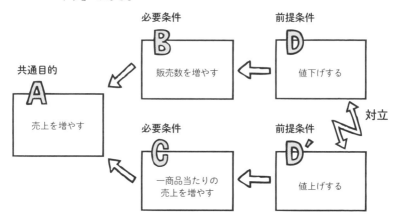

❹ 対立／ジレンマをつくり出している仮定を見つけ出し、そのうち1つの変更を考える。

☞ ここまでで対立解消図はできた。4つの矢印について、検討していこう。

☞《B→A：販売数を増やすのは、売上を増やすため。なぜなら（　　　　　）》

なぜなら販売数に比例して売上は増加するから（仮説）。

しかし、この仮説が成立するのは条件次第である。販売数を増やすことで売上が増加するのは、商品単価がそのままか、販売数増加による売上増が値下げによるマイナスを上回る場合だけだ。

つまり値下げによる販売数増加がそれほどでもなければ成り立たない。

☞《C→A：一商品当たりの売上を増やすのは、売上を増やすため。なぜなら（　　　　　）》

なぜなら一商品当たりの売上に比例して売上は増加するから（仮

説)。

この仮説も成り立つかどうかは条件による。一商品当たりの売上を増やすことで売上が増加するのは、販売数がそのままか、値上げによる売上増加が販売数減によるマイナスを上回る場合だけだ。

つまり値上げで客足がその分減れば、成り立たなくなる。

☞《D→B：値下げするのは、販売数を増やすため。なぜなら（　　　　　）》

なぜなら商品の需要は価格が下がるほど増えるから（仮説)。

しかし、この仮説はこの店についてそのまま当てはまるだろうか？　つくるのは自分1人、客席も店の大きさも増えない。つまり1日当たり出せる数は限界がある。仮に客が増えても、そのまま販売数が伸びるとはいえない。

☞《D'→C：値上げするのは、一商品当たりの売上を増やすため。なぜなら（　　　　　）》

なぜなら商品単価に比例して一商品当たりの売上は増加するから（仮説)。

この仮説は正しい。値上げすれば確かに一商品当たりの売上は増える（もちろん、他への影響は別に考えなければならないが)。

☞《再びD→B：値下げは、販売数を増やすため》

逆に値下げせずに販売数が増えることはありえないか？　チャーシュー麺はこれ以上出せないなら、手があまりかからないサイドメニューならどうか？　客数は増えなくても、また全員がサイドメニューを頼まなくても、売れる商品の数はいくらか増える可能性がある。

☞《再びC→A：一商品当たりの売上を増やすのは、売上を増やすため》

一商品当たりの売上が変わらなくても、客1人当たりの売上が増えれば、客の数が同じでも売上は増える。チャーシュー麺の

値段据え置きならば、客数に変化はないだろう。サイドメニューの追加で客単価がいくらかアップすれば、売上増加が見込めるかもしれない。

レビュー

❖ 対立解消図が生まれた背景

　多くの要素がつながり合ってできている組織やシステムでは、どこかに全体のパフォーマンスを制限する「ボトルネック（制約）」が存在する。このボトルネックを発見し、対策することで全体最適を目指す TOC (Theory of Constraints：制約条件の理論) の開発者ゴールドラットは次のことに気づいた。

　多くの組織やシステムで問題となっているのは、じつは物理的制約ではない。ほとんどの場合、方針（ポリシー）上の制約こそがボトルネックとなっている。人々や組織の考え方である方針（ポリシー）を変えるためには、新技術も新しい装置もそのための追加投資も必要ないはずである。しかし、だからといって物理的制約より変えやすいわけではない。

　そこでゴールドラットは、方針（ポリシー）を変えるためのツールを開発した。「TOCの思考プロセス」と呼ばれるものがそれである。

　対立解消図はその中の1つであり、図の形状と矛盾を消し去るために作成されることから、ゴールドラットはこれを「蒸発する雲（Evaporating Cloud）」と呼んだ。

❖「こちら対あちら」の対立を「こちら&あちら対問題」の対立に

　対立解消図は、シンプルだが汎用性の高い思考ツールである。
　弁証法的発想法やTRIZと並ぶ対立／ジレンマを解くツールであり、

この中で最もシンプルで使いやすい。

　我々の個人的な悩みも、組織や社会の問題も、煎じ詰めれば、対立し合い両立しがたい要求や状況に由来するものが多い。

　矛盾や逆説は我々の注意を引きつけて離さず、対立し両立しない要求は我々の認知リソースをみるみるうちに消耗させてしまう。ストレスフルな状況が実際以上に我々の問題処理能力を下げてしまうことで、ますます解決から遠ざかるのだ。

　対立解消図は、対立／ジレンマが何から成り立っているのかを俯瞰し、一望化するための図式である。どの腱（仮説）を断てば対立／ジレンマが解けそうかまで見せてくれる。

　悩み事が生じたら、対立に巻き込まれたら、これからタフな交渉事を控えているなら、ノートの端にこの図を書いてみるといい。対立する相手とともに図を描くことができたら最高だ。感情的なやり取り抜きに対立を俯瞰できれば、「こちら対あちら」の対立を「こちら＆あちら対問題」の対立に組み替えることだってできる。

31 Evaporating Cloud

BIONICS

32
バイオニクス法
何十億年の自然淘汰が磨いた
生物のもつ優れた「知恵」を我がものにする

難易度 💡💡💡💡💡

開発者
ジャック・E・スティール (Jack Ellwood Steele, 1924 - 2009)

参考文献
『バイオニクス──生物に新技術の可能性をさぐる』(L. A. ジェラルダン、講談社ブルーバックス、1970)
『生きのびるためのデザイン』(ヴィクター・パパネック、晶文社、1974)
『生物に学ぶイノベーション──進化38億年の超技術』(赤池学、NHK出版新書、2014)

用途と用例
◎ **生物のもつ優れた機能を応用する。**
◎ **自然界からアイデアの種になる気づきを得る。**

第Ⅱ部　1から複数へ　　　　　　　　　　　　　　　　　　　　　232

レシピ

1 生物（生体システム）を研究する。

2 得られたデータを元にモデル化する。

3 モデル化によって得られたアイデアを問題解決、設計、デザインに活かす。

サンプル

生物に学んだ設計やデザイン

　　バイオニクスが提案する方法は、生物に学ぼうとすれば、当然踏むべきステップであるので、スティールが提唱する以前にも同種のアプローチによる発明はさまざまな分野に見いだせる。
　　たとえばレオナルド・ダ・ヴィンチの飛行機械をはじめとする機械デザインは、明らかに生物の観察から発想されている。

- ◎トンネルのシールド工法（マーク・イザムバード・ブルネル）：木造船に穴をあけて住むフナクイムシから着想。
- ◎ナイロン（1935年、アメリカのデュポン社）：蚕がつくる絹に似させた人造の絹糸。

- ◎面ファスナー（ベルクロ、マジックテープ）（1948 年、ジョルジュ・デ・メストラル）：トゲで衣服につく植物の実からヒントを得る。
- ◎撥水繊維（マイクロフトレクタス、帝人）：蓮の葉の表面構造。
- ◎ミウラ折り（三浦公亮、人工衛星に乗せる太陽電池パネルやアンテナの折りたたみ方、ワンタッチで開閉でき、折り目が重ならないため耐久性が高い）：セミの羽化時の羽のたたまれ方。

レビュー

※ **学者でなくても生物からインスピレーションは得られる**

　生物には、莫大な時間にわたって淘汰圧がかかっており、その淘汰をくぐり抜けた者たちは、それぞれの環境で高度な最適化を遂げている。その一端を明らかにすることは、多くの知識と知恵を人間にもたらしてきた。これは近年に始まったものではない。

　生物に学ぶ発想法としての広義のバイオニクス法が、ほとんど人の始まりにまで遡れるのは、既知のものを使って未知なるものを取り扱うアナロジー思考が人間の仕様の一部であるからである。

生物の研究は、本格的に取り組むには膨大なマンパワーと長い時間が必要であり[＊1]、自分の課題解決に適合した既存研究を探し出すのさえ少なからず専門知識が必要だが、もっと身近な別のアプローチも可能である。
　アメリカのインダストリアル・デザイナーであるヴィクター・パパネックは『生きのびるためのデザイン』のなかで次のように指摘している。「我々のまわりには、デザイナーによって十分に探求、開発されたり、利用されたりしていない、かなり原始的な構造をもった自然現象や、誰でも日曜日の午後の散歩でぶつかるようなもので、しかも研究に値するような植物学的メカニズムといったものがたくさんある」
　パパネックが提案するような我々の身の丈にあったアプローチを、たとえば"カジュアル・バイオニクス"、あるいは"日曜バイオニクス（日曜大工のような用法で）"と呼ぼう。
　生物学の研究者でなくても、ダ・ヴィンチのような高度なデッサン能

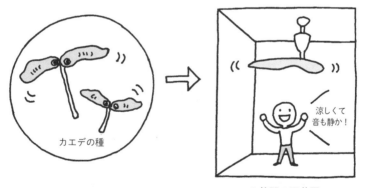

1枚羽の天井扇

[＊1] たとえばコウモリが超音波の反響定位を使っていることが確かめられるには、実験動物学の父ラザロ・スパランツァーニがコウモリを目隠しする実験を始めてから150年間の月日と多くの研究者の努力が必要だった。コウモリに限っても、そのメカニズムはいまだ汲めども尽きぬ知の源泉であり、ごく最近でも、コウモリの耳鼻を参考にこれまでは離して置かなければならなかった送信機と受信機を小さくまとめたロボット向けソナーが開発されており（2015年 http://www.nikkei.com/article/DGXMZO87086880R20C15A5000000/）、またコウモリは超音波と高度な情報処理によって複数の虫の軌道を先読みすることで1秒未満という短い間隔で次々に虫を捕食することができる仕組みが明らかになっている（2016年4月 http://www.jst.go.jp/pr/announce/20160412/）。

32 BIONICS

力を持ち合わせていなくても、不意に遭遇した自然の技に驚くことはできる。

たとえば翼果(よくか)と呼ばれる羽のようなものが付いたカエデの種がある。この種は羽の長さと種の重さの絶妙なバランスによって、くるくる回転しながら風に乗って空中を長時間滞空する。

オーストラリアのSycamore Technology社はこの羽の形状に学んで、従来の3〜4枚の羽をもつ天井扇に替えて、1枚羽ながら従来のものと同等の性能をもち、ずっとゆっくりした回転で消費エネルギーと回転音を抑えることができる新しい天井扇を開発している。

✻ バイオニクスからネイチャーテクノロジーへ

狭義のバイオニクスは、生物のもつ優れた機能の仕組みを工学に応用する学問として、1958年、アメリカ空軍航空宇宙医学研究所のJ.スチールによって提案された。公式には、1960年9月、アメリカのオハイオ州デイトンで開かれた第1回バイオニクス・シンポジウムで初めて使用された名称である。

この背景には、通信工学と制御工学を融合し、生理学、機械工学、シ

アメリカの数学者、サイバネティクスの創始者ノーバート・ウィーナー。応用数学者としてランダム現象の非線形問題やロボティクス等、多くの新分野を開拓した。
ⓒ Science Photo Library/amanaimages

ステム工学を統一的に扱うことを意図して提唱されたノーバート・ウィーナーのサイバネティクス [*2] があり、また動機づけとして、第二次大戦後、急速に発展・普及したエレクトロニクス技術に行き詰まりが感じられたことがあった。

人や動物が当たり前にできていることが機械ではまだ実現が難しいという問題意識と情報処理を中心とする研究課題を、バイオニクスは同時代に立ち上がった人工知能（1956年ダートマス会議で提唱）の研究と共有していた。そして野心的なプロジェクトとしては、（あまりに高すぎた）期待にかなうだけの成果をあげられず衰退していったことも、（第一世代）人工知能研究と共通している。

サイバネティクスを背景としていたこともあり、バイオニクスの関心の中心は、生物の優れた情報処理・認識・エネルギー変換の工学的応用にあったが、現代から見ればこれは当時の科学技術には過重な課題設定であった。この点も（第一世代）人工知能研究が抱えていた（現在から見れば）楽観主義ともいえる野心と共通したものがある。

バイオニクスの実用工学としての挫折と志は、生体での情報処理についてより基礎的な研究を進めようとする生体情報工学に受け継がれた。一方、スティールとほぼ同時期に神経生理学者シュミットによって提唱されたバイオミメティクスが、生物の構造や材料に着目してその応用を目指す研究として活発に取り組まれるようになった。

後年の電子顕微鏡の発達やエックス線でタンパク質の結晶の構造を解析する技術により、分子レベルでも模倣が可能となり、この分野の発展を促した。21世紀に入って、生物個体だけでなく、生態系としての優れた仕組みを人工的に実現する、ネイチャーテクノロジーという研究領域が始まっている。

[*2] 生体と機械における、制御・通信・計算などの情報処理について、共通した体系化を試みた数学者ノーバート・ウィーナーによって提唱された総合科学。1948年にウィーナーが『サイバネティクス』を著わしたことからにわかに注目され、情報科学の先駆となった。この書は、電子工学を基礎とする自動機械の研究と、自動機械としての動物の神経系の研究の関連を強調しており、両分野の隆盛に少なからず貢献した。

GORDON'S ANALOGIES

33
ゴードンの４つの類比（アナロジー）
問題解決過程の録音と分析から抽出された
シネクティクスの中核技法

難易度 💡💡💡🔅🔅

開発者
ウィリアム・ゴードン（William J.J. Gordon, 1919 – 2003）

参考文献
『シネクティクス──創造工学への道』（W.J.J. ゴードン、ラテイス、1968）

用途と用例
◎ アナロジーで他分野のアイデアを応用する。
◎ 問題になりきりアイデアの手がかりを得る。

レシピ

　シネクティクス（Synectics）は、「異なった、一見関連なさそうな要素を結びつける」ことを意味する、ギリシャ語からの造語であり、ゴードンらによって開発されたグループによる問題の発見から解決までを含む総合手法である。
　本来のシネクティクスはグループメンバーの選定から始める数カ月から年単位で行う大規模かつ長期的なものだが、その中核手法である馴質異化（じゅんしついか）（見慣れたものを見慣れないものとして見る）[*1]は、類比（アナロジー）を使った発想法として後発のNM法などの元になったものである。
　ここでは次の4つの類比（アナロジー）を用いて発想を生み出していく手法を紹介する。

■ 擬人的類比（Personal Analogy：PA）

　問題の要素や一部を擬人化して、問題を考える。しばしば発想者自身が問題の要素や一部になりきり、その観点から問題を考えることが行われる。

■ 直接的類比（Direct Analogy：DA）

　直接似たものを探し出して、それをヒントにアイデアを発想する。自然界、生物等にヒントを求めることが多い（→バイオニクス法、232ページ）。

■ 象徴的類比（Symbolic Analogy：SA）

　問題を抽象化し、シンボリックな視点から幅広く発想する。
　問題を端的かつ詩的な表現にし（たとえば書物のタイトルのように2～3語

[*1] 馴質異化、異質順化という表現は、ドイツの詩人ノヴァーリスによるものであり、彼はロマン主義の真髄は馴質異化、異質順化であるとしている。

33 GORDON'S ANALOGIES

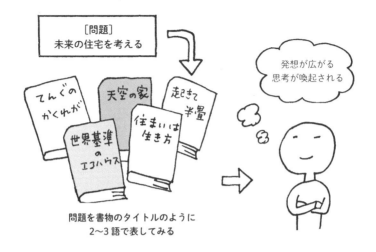

問題を書物のタイトルのように
2〜3語で表してみる

で表し)、その内容を考えたり、直接的類比を適用する。優れた書物のタイトルがそうであるように、しばしば喚起的であり、我々の思考をかきたてるものとなりうる[*2]。

象徴的類比から発想を広げるには、直接的類比やNM法(→253ページ)のQA(似ているものは何か？)の他にも、「これは、本当は何なのか？」という質問(→P.K. ディックの質問、96ページ)が使えるだろう。

■ **空想的類比**（Fantasy Analogy : FA）

潜在的な願望のままに、「もし、○○ができたら」と自由にアイデアを膨らませていく。シネクティクスの開発者たちはフロイトの願望充足説を転用して、芸術的創造のみならず技術的発明にも適用できるように発想法として実装化した。常識はもとより、物理法則など変更不能なものについても、あえて否定/無視して、理想の状態・解決を想像することで、他の類比につなげる起点をつくる。

空想的類比は他の類比に先立って問題提起や問題把握の段階で用い

[*2] 喚起的な言葉（言語表現）を足がかりに発想を進めていく方法には、本書に取り上げた中ではTAEのマイセンテンスシート(→30ページ)などがある。

られることが多い。シネクティクスの紹介でも、擬人的類比・直接的類比・象徴的類比の3つだけが類比法として扱われることもある。

サンプル

■ **擬人的類比**（Personal Analogy：PA）
- ◎ イギリスの物理学者のマイケル・ファラデーは原子の動きを考えるために電解質の「心臓」を想像した（電解質を人間の心臓に擬人化）。
- ◎ 同じく物理学者のリチャード・P・ファインマンは電子になりきるために自ら床を転げまわった（電子を自分に擬人化）。
- ◎ 相対性理論の着想は、16歳のアインシュタインが「もし自分が光の速さで飛んだら、顔は鏡に映るのだろうか？」と自問したところに始まっている（鏡を自分に擬人化）。

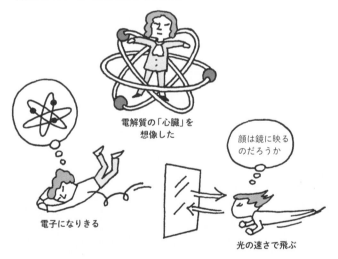

■ **直接的類比**（Direct Analogy：DA）
物理学者のアーネスト・ラザフォードの原子模型（原子の質量は原子核に集中しており、その周囲を電子が回っている）は「惑星モデル」という異名

の通り、太陽系（巨大な太陽を中心にして、その周囲を惑星が回っている）からの類比である。

実例：電話機の発明

　電話機の最大の技術的問題は、音声を電気に変換する部分にあった。

　音声（空気の振動）のように小さく弱い力によって動く部分は極めて軽くつくる必要があるが、振動を電気に変換する部分には磁石や電線を巻いたコイル等が必要であり、これは材質から考えてかなり重いものになる。

　この軽くなければならない装置が重くなってしまう問題に対して、電話の発明者グラハム・ベルは電話機と同じく音声を受け止める人間の耳からヒントを得ることができた（受話器と耳のアナロジー）。

　ベル家は、祖父、父と三代続く発声生理学者の家系であり、グラハム自身、ボストンで耳や口の不自由な人の訓練学校を運営する一方、1872年にはボストン大学で発声生理学の教授となった人物だった。

　発声と聴覚の専門家として、耳の構造を詳しく知ることができた彼は、鼓膜の薄さに対して耳骨がかなり大きく重いことをヒントに、電磁石の極の近くにごく薄い鉄板が振動できるようにした送受話器を開発し、電話機の発明にこぎ着けた。

ベル自ら電話機で話をしている様子。実用的な電話機の発明は、1876年3月にアメリカ人のベルによって成し遂げられた。最初の実験で、ベルが助手のワトソンに向けて発した、"Mr. Watson, come here, I want to see you"（ワトソン君、用があるからちょっと来たまえ）が、電話機を通じて伝えられた人類最初の言葉として知られる。

■ 象徴的類比（Symbolic Analogy : SA）
実例：超小型ジャッキの開発

　縦横10cmの箱に収まり1mの高さまで伸びるジャッキをつくるという問題の解決の糸口となったのは、この難問に音をあげて出た「なんて難問だ。まるで『インドの縄の魔術』みたいだ。どこかの魔術師にでも頼むしかない」という言葉だった。

　問題の難しさを表現したレトリックに過ぎなかったが、どこか心に引っかかるものを感じて、この「インドの縄の魔術」という象徴的表現が意味するものを考えてみた。この魔術は、魔術師の笛に応じて小さな壺に入っていたロープがひとりでに壺から出て上に伸び上がっていくものである。

　小さな壺の中にロープが収まっているのは、ロープが柔らかく形を変えることが簡単だからである。しかしジャッキとして重さを支えるには、伸びた後は硬くならなければならない。

　最初柔らかく、後で硬くなるものとしてペニスを思いついた。

　ここからは直接的類比が用いられ、柔らかいものに血液のような液体が充填されることで硬くなる仕組みが考案された。

■ 空想的類比（Fantasy Analogy : FA）
実例：塗り直しのいらない塗装

　　空想的類比は、科学法則を含むあらゆる制約を取り外して理想状態を空想することで、発想の糸口を見つける。

　　新しい塗装方法を考案するに当たり「理想の塗装」として「塗り直しのいらない塗装」を出発点にした。塗装で一番手間がかかるのは塗り直しだからである［＊3］。

　　古くならない塗装は、それだけを考えると科学法則に反して実現不能であるが、「新しく生まれ変わるもの」と考え直すと、生物に直接的類比を探すことができそうである。塗装としての「壁に定着すること」や「色や模様」を考えあわせると、動物ではなく植物に、それもそびえ立ったり垂れ下がったりしないものとして、コケ類や地衣類が候補にあがる。

　　とくに地衣類は薄く、空気中から栄養を得ることができ、寿命が長く、他の植物が生育できないような厳しい環境でも生き延び、過酷な環境では一時成長を止めることができる。実をつけたり、落ち葉となって落ちることもないため、一年中同じ姿をしている。コンクリートの壁にはり付いて生育することもできるし、ほとんどあらゆる色をもつほど種類も多い（たとえばリトマス試験紙は地衣類であるリトマスゴケの色素からできている）。胞子の大きさは数 μm から 200μm と極めて小さく、液体に混ぜて塗ることで、壁に地衣類が生育するようにできるかもしれない。

　　こうして地衣塗料の開発が取り組まれた。

［＊3］塗り直しの中で最も手間がかかるのは、古い塗装を取り除くことである。完璧に取り除かなければ塗り替えはうまくいかない。ここに焦点を合わせれば、「古い塗装の上からもきれいに塗れる塗装」や「簡単に取り除ける塗装」を理想として出発点にできる。

レビュー

※ 天才のひらめきを凡人でも生み出す手法

見慣れたものを見慣れないものとして見るという意の「馴質異化」は、ゴードンが開発したシネクティクスの中核となる手法である [＊4]。

シネクティクスは、「異なった、一見関連なさそうな要素を結びつける」ことを意味するギリシア語からの造語で、中山のNM法（→253ページ）をはじめとするアナロジー発想法の源流になったものだ。

もっぱら一部の天才や彼らに訪れる霊感にだけ認められてきた創造性を、普通の人たちをトレーニングすることで実現できるようデザインされた創造性開発の嚆矢の1つである。

※ 4つの類比はいかに発見されたか

ゴードンたちは、当時最新の技術であったテープレコーダーを駆使し

[＊4] シネクティクスは問題の発見から解決までを含む総合的なアプローチであり、ここで取り上げたのはその中核ではあるが一部に過ぎない。ここで全体の流れを簡単にまとめておこう。
1. 問題提起 Problem as Given, PAG
   問題を与えられるか、問題の存在を知る段階
2. 異質馴化 Making the Strange Familiar
   初見の問題に馴染むプロセス
3. 問題把握 Problem as Understood, PAU
   問題を消化することが終わる
4. 実施的メカニズム Operational Mechanisms
   今回取り上げた4つの類比（アナロジー）はここに当たる
5. 馴質異化 Making the Familiar Strange
   類比の結果、問題が、見たことのない異質なものに見えてくる
6. 心理状態 Psychological States
   馴質異化を経て、没入、脱離、迂回、思弁といった発想に最適な心理状態になる
7. 問題との融合状態 States integrated with Problem
   こうして得られた心理状態で再び問題に向かい合う
8. 観点 Viewpoint
   問題に向かい合うことで新たな観点が得られる
9. 解答、すなわち研究目標 Solution or Research Target
   解答が得られる場合も、「どこで何を探せば得られるか」という研究目標が決まれば問題解決のステップは一応の完結を見る

33 GORDON'S ANALOGIES

て［＊5］、個人や集団で問題解決を行う過程で何が起こっているかをつぶさに記録し（個人の場合は今考えていることを口に出してもらうことで録音した）、メンバーを入れ替え、記録を蓄積し、検討し続けた。そしてその記録の中から、創造的思考や共同作業の中で共通に見られる要素を一つひとつ選り分けていった。

　成功した問題解決では、馴質異化：見慣れたものを見慣れないものにする（making the familiar strange）作業が常に試みられていた。これが自覚されると「ここで、どのようにして馴質異化が行えるか？」という質問がされるようになった。こうしてさまざまな馴質異化の技法が発見されていった。

　録音の記録がさらに蓄積され、より詳細に検討されるようになると、解決策を生み出すのに重要な要素がさらに2つ発見された。

　1つは、関連のないもの（irrelevant）である。当面の目的や問題に直接関係なさそうに見える考え方、情報、観察があるとき、よい問題解決が達成された（→ランダム刺激、48ページ）。

　もう1つは遊び（play）、すなわち大人の懐疑的な態度を一旦中断して、子供のような態度をとったとき、よい問題解決がもたらされた。

　こうして発見された、問題解決を成功させる心理状態は、そのままでは実践的手続きに持ち込むことはできなかったが、これまでの記録を再検討する指針にはなった。

　再検討の結果、遊び（play）に関わるものとして3つの種類があることが発見された。①言葉遊び——用語の意味と定義に関わる遊び、②定説ずらしの遊び——基本法則や概念を定説からずらす、③隠喩（メタファー）を使った遊び。

　これらを類比（アナロジー）の観点から整理し直し、技法化したものが馴質異化の4つの類比（アナロジー）である。

［＊5］録音によるフィードバックは、企業内にシネクティクス・グループをつくるトレーニングでも盛んに使われる。

※ 意識的自己欺瞞としてのアナロジー

　ゴードンたちが参照した心理理論はフロイトらによる精神分析のものだったが、ゴードンは類比（アナロジー）を意識的に行われる自己欺瞞（self-deception）だと考えた。

　自己欺瞞とは、フロイトによれば２つの相反する（自己に関連する）信念ないし心的内容を同時にもちながら、（多くは心理的防衛のために、不安回避などの動機によって）その一方を意識の外に追いやることをいう。

　類比（アナロジー）は、２つのものを何らかの点で「似ている」と見なすことだが、これは「似ていない」部分を無視することでもある。類比（アナロジー）によって結びつけられる２つは、一部しか似ていない（すべてが似ているなら「同じ」ものであるから）。この点に自覚的である点で、シネクティクスは市川亀久彌の等価変換法（→248ページ）に通じる。

　たとえば、空想的類比では、現実的な／現実を支える制約をあえて無視する。

　普通の見方では関連がないように見えるものの間に類比（アナロジー）を見いだすことは、多くの「似ていない」部分を無視することが必要になるが、斬新な隠喩や強く喚起的な象徴的類比は、そうしたものであることが多い。

　これらを見いだすことは、驚きと喜びを伴う興奮をもたらす。よい類比（アナロジー）が得られたかどうかは、その瞬間にこうした〈快楽反応〉とゴードンらが呼ぶものが得られることでわかる（フォーカシングでいうフェルト・シフトである。→フォーカシング、22ページ）。

　無意識に行われる（本来の）自己欺瞞は人を不安から一時的にであれ解放するが、意識的に行われる類比（アナロジー）という自己欺瞞は人を、発想を拘束する制約から解放する。

EQUIVALENT TRANSFORMING THINKING

34
等価変換法
アナロジー発想法の最終到達

難易度 💡💡💡💡💡

開発者
市川亀久彌（1915 - 2000）

参考文献
『創造性の科学――図解・等価変換理論入門』（市川亀久彌、日本放送出版協会、1970）

用途と用例
◎ 発明、技術開発などの実用的アイデアを得たいとき。

―――――― レシピ ――――――

1 解決すべき課題を決める。

2 課題の解決に役立ちそうな観点を選択する。

3 観点を動詞化して、本質を抽出する。

4 本質を含む多数の事例を集める。

5 事例を1つ選び、事例に特有の条件を取り除き、事例の中で課題解決にも適用できる一般性のある条件を抽出する（これが等価変換で得られるアイデアである）。

6 得られた〈一般性のある条件〉を問題解決に適用してみる。

7 目標が達成できなければ、**5**に戻り（必要なら**4**、さらに**2**へ戻る）繰り返す。

―――――― サンプル ――――――

実例：噴霧式空調装置（ウィリス・キャリアによる世界初のエアコン、1906）

1 解決すべき課題を決める。
☞室温を保つ

❷ 課題の解決に役立ちそうな観点を選択する。
☞冷却
❸ 観点を動詞化して、本質を抽出する。
☞ものを冷やす
❹ 本質を含む多数の事例を集める。
☞木の葉、打ち水等……
❺ 事例を1つ選び、事例に特有の条件を取り除き、事例の中で課題解決にも適用できる一般性のある条件を抽出する（これが等価変換で得られるアイデアである）。
☞木の葉から、木の葉に特有の「植物の一部であること」等の条件を取り除くと、残るのは「水の蒸発による気化熱を使って冷やす」という一般性のある条件が残る。
❻ 得られた〈一般性のある条件〉を問題解決に適用してみる。
☞水の蒸発による冷却→噴霧式空調装置（世界初のエアコン／クーラー）の発明。
☞〈一般性のある条件〉を実現するためには、別の特有の条件（ここでは機械として作動するために必要な諸条件）の導入が必要である。同じ〈一般性のある条件〉でも、別の特有の条件を導入すれば、異なる解決策が得られる。

レビュー

※ 等価変換理論とは？

　市川亀久彌は、1944年にすでに『独創的研究の方法論』を著した日本における創造性理論の草分け的存在である。

　市川はここから11年間かけて、ヤング（『アイデアのつくり方』）をはじめとして多くの発想法／創造的手法が共有する「既存の要素の新しい組

み合わせ」というアイデア観から、大きく一歩を踏み出した。

市川の言葉を借りて、等価変換理論が達したところをまとめておこう。「創造的活動とは、過去より受け継いだものの中から、何がしかのものを捨て去り、かつ、これに現時点で獲得できる別の新しい要素を導入して、改めて全体を再構成していくこと」

アナロジーは無自覚であれ、何らかの観点を前提としている。

何かと何かが「似ている」と言うためには、それらがもつ特徴や性質に共通点がなくてはならないが、実のところ「似ている」と考える我々は、物事がもつ特徴／性質の中でいくつかのものを重視し、それ以外のものを軽視または無視している [＊1]。比較の観点を定めることで、どの特徴や性質を重視し、あるいは軽視し、無視するかが決まるのだ。

何もないところから
アイデアを生み出すのではない

すでにあるものを取捨選択し、
新しいものと組み合わせる

[＊1] すべての特徴／性質に軽重をつけず、すべてを用いて比較してしまうと、どのような2つを選んでも常に類似度は等しくなってしまうことが、渡辺慧による「みにくいアヒルの子の定理〈Theorem of the ugly duckling〉」で証明されている。Watanabe, Satosi (1969). Knowing and Guessing: A Quantitative Study of Inference and Information. New York: Wiley. pp. 376–377.

34 EQUIVALENT TRANSFORMING THINKING

市川は、アナロジーのもつこの側面を掘り下げることで等価変換理論に練り上げていった。

※ アイデアを生み出す等式

　先の例でいえば、木の葉とエアコン／クーラーは、冷却という〈観点〉から見れば共通する性質をもっている。木の葉から、木の葉に特有の「植物の一部であること」等の条件を無視すると、「水分を蒸発させて気化熱で冷却する」という一般性のある条件が残る。これに機械としての特有の条件を組み合わせると、クーラーとなる。

　これを引き算を使った等式で表現してみると、次のようになる。

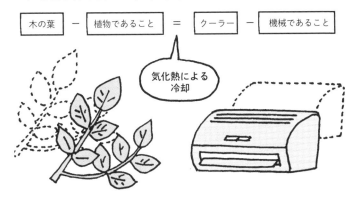

　この等式的な発想を、アイデアづくりに使うのが等価変換法である。
　ここにおいてアナロジー発想法は、似ている何かに真似るだけのレベル（たとえば成功例に模倣）から、そこから何を学び取り、そして何を捨てるのか自覚したうえで行使するところに至った。

NM METHOD T TYPE

35
NM法T型

4つの質問で自分の中のリソースを違うやり方で読み出す、
アジャイルなアナロジー発想法

難易度 💡💡💡💡💡

開発者

NM法全般：中山正和 (1913 - 2002)
NM法T型：高橋浩 (1925 - 2007)

参考文献

『増補版 NM法のすべて――アイデア生成の理論と実践的方法』(中山正和、産能大出版部、1980)

用途と用例

◎ 問題解決に役立ちそうな知識を記憶から引き出したいとき。
◎ 有望そうな異種結合をつくり出したいとき。

レシピ

　NM法はものづくり・発明を志向したH（Hardware）型がその原型であるが、普及しているのは、その前半を取り出して簡略化したT（Takahashi）型である[*1]。ここではそのステップを紹介しよう。ごく短く説明すれば、次の4つの質問に順に答えていくことでアイデアを生み出していく。

1 **QK（Question of Keyword）**
☞「要するにどうすれば／どうなればいいか？」と問い、課題を端的に一語（動詞や形容詞）で表現したキーワードを決める。

2 **QA（Question of Analogy）**
☞キーワードそれぞれについて「（動詞の場合）○○するもの／（形容詞の場合）○○なものといえば、たとえば何があるか？」と問い掛け、類比する実例を集める。

3 **QB（Question of Background)**
☞類比実例のそれぞれについて「そこで何が起きているか？」と問い掛け、背景を探る。

[*1] NM法のプロトタイプであるH (Hardware) 型はものづくり・発明を志向するため、特許（パテント）をとれるオリジナリティと完成度を追求する。このため、QA・QB・QCを経て出てきた多数のアイデアを、さらに組み合わせ掛け合わせて、他にない特徴をもった発明品を完成させるステップが後続する。QA・QB・QCはむしろ、多様な観点から問題を見るための助走的意味合いが強い。H（Hardware）型の前半部分（QA・QB・QC）を独立させたNM法T型は、NM法から発想を生み出す部分をとくに取り出したものである。
またH (Hardware) 型では、QAからQCまでのプロセスは言葉だけでなく、簡単な絵で表現しながら進めることが推奨されている。イメージを直接扱うこの方法は強力ではあるが、絵心のない人は躊躇しやすい。

4 QC（Question of Concept）

☞ 背景に出てきたイメージそれぞれをヒントに、「それは何かの役に立たないか？」と問い掛け、課題の解決法を考える。

もう少し詳しく説明しよう。

1 まずお題を決める。つまり何を解決したいのかをお題にする。

2 QK（Question of Keyword）

☞「要するにどうすれば／どうなればいいか？」という問いに答えてキーワードを決める。

キーワードは、問題解決の要を一言で言い表したものだが、一旦問題のおかれたコンテキスト（文脈・状況）から離れて思考を広げる

35 NM METHOD T TYPE

ために、問題解決を抽象化したものである。抽象化というのが難しいなら、「要するにどうなればいいか」に文章で答えて、その答えの文章から最も重要な動詞（時に形容詞）を1つ選ぶとよい。

❸ QA（Question of Analogy）

☞「○○するもの／○○なものといえば、たとえば何があるか？」というアナロジーを導く問いに、具体的な事物をあげて答える。

せっかくコンテキスト（文脈・状況）から離れるのだから、取り組んでいる問題とは異分野の事物がよい。たとえば自然現象からアナロジーを選べば自然が行ってる問題解決から学ぶことになるし、ライバル、打ち倒したい先行者を選べばモールスの方法（→211ページ）になる。

❹ QB（Question of Background）

☞「そこでは何が起きているか？」に答えて、アナロジーとして出た事物とそれが活動している状況を想像（イメージ）する。

よく知らない事例なら調べてもいいが、日常的に親しんだものからも良いアイデアが得られる。何が起きているか詳しく検討するためには、たとえば絵を描いてみるのもいい。絵というとおののく人もいるが、うまく描く必要はない。むしろ6歳くらいの子が描くような絵が望ましい。

❺ QC（Question of Concept）

☞「それは何かの役に立たないか？」という質問に答えて、これまでアナロジーとイメージで広げてきたものを、アイデアとして着地させる。頭の使い方としては、「お題〈問題解決のテーマ〉とかけまして、〈QBで出たイメージ〉と解きます、その意は？」という謎かけを（時に無理やりに）解くような感じである。

❻ 答えるべき4つの質問（QK、QA、QB、QC）には、それぞれ複数の答えがありうる。これを繰り返して複数のアイデアを得ていく。

☞ NM法はアイデアの量産にも使える。たとえば4つの問いに3つずつ答えるだけでも3×3×3×3=81のアイデアが得られる。マインドマップを使って答えを枝分かれさせていくと、中心の根っこに当たるところに課題が、枝先に当たるところにアイデアの果実が実ることになる。

やり方としてはQAから1つのアナロジーを思いついたら、それが温かいうちにQA→QB→QCとステップを先に進めていって、アイデアが得られるまでやり切るほうがよい。QCまで答えて、どんどんアイデアという成果物を得たほうが、やる気もスピードも上がりやすいからだ。

☞ アイデアを出し尽くしたり、行き詰まったら、1つ前のステップに戻って次の答えへ進む。これはいわゆる、深さ優先探索／縦型探索と呼ばれるやり方に似ている。

サンプル

実例：ダンロップの空気入りタイヤの発明（1887）

車輪にゴムを巻きつけただけのものが使われていた時代、ライバルたちはゴムよりもクッションのよい材料を求めて悪戦苦闘していた。ダンロップも同じ努力を重ねていたが、たまたま公園でサッカーボールで遊ぶ少年たちに出会い、サッカーボールをタイヤに応用することで空気入りタイヤの発明につながった。

ダンロップが空気入りタイヤの着想を得るには、サッカーボー

ジョン・ボイド・ダンロップ。イギリスの獣医、発明家、実業家。アイルランドのベルファストで獣医として開業中、息子が当時の丸ゴムタイヤの自転車でしばしば石につまずいて怪我をするのを見て改良を思い立った。空気で膨らましたゴム袋を丈夫な帆布で包み、自転車の車輪に巻くことで、乗りやすさとスピードを出せることを確認し、これを空気入りタイヤとして特許をとった（1888）。1889年に空気入りタイヤ製造会社を設立すると、事業は急速に発展し、原料の生ゴムを求めてマレーに進出、大規模なゴム園事業を行った。

ルとの、偶然にして幸運な出会い（→セレンディピティ・カード、64ページ）が必要だった。

　NM法は、幸運を待つ代わりに、そうした出会いを人工的に用意することができる。

1 QK
☞「要するにどうすれば／どうなればいいか？」→〈もっと弾力がほしい〉→〈弾む〉

2 QA
☞「弾むものといえばたとえば何があるか？」→〈サッカーボール〉

3 QB
☞「サッカーボールで何が起きているか？」→〈中の空気が弾力を生み出してる〉

4 QC
☞「それは何かの役に立たないか？」→〈空気入りタイヤ〉

実例：缶ジュース、缶ビールのプルタブ

　NM法で実際に発明された最も知られた例は、缶入り飲料のプルタブだろう。

　液体を缶入りにすることは缶詰の技術をそのまま使えば良かったが、これだと開くために缶切りのような道具が必要で簡便とは言い難い。そこで、イージーオープンエンド（easy open ends）と呼ばれる、缶切り等の道具を用いずに開缶できるようにした缶蓋が開発された。

❶ QK
☞「要するにどうすれば／どうなればいいか？」→「（しっかり閉じたものが）開く」

❷ QA
☞「（しっかり閉じたものが）開くといえばたとえば何があるか？」→「ハマグリ」「天の岩戸」「火山の噴火口」

❸ QB
☞「ハマグリで何が起きているか？」→「閉じ合わせた貝殻の貝柱が緩むと開く」
　「天の岩戸で何が起きているか？」→「人力で岩を動かすと開く」
　「火山の噴火口で何が起きているか？」→「マグマの圧力でヒビ割れが広がって開く」

❹ QC
☞「それは何かの役に立たないか？」
　「閉じ合わせた貝殻の貝柱が緩むと開く」→「閉じ合わせた隙間が分かれて開く」
　「人力で岩を動かすと開く」→「人力で閉じているものを動かす」
　「マグマの圧力でヒビ割れが広がって開く」→「あらかじめ切れ目を入れておいて、そこから開く」

　これらのアイデアを組み合わせることでプルタブ方式が開発された。

35 NM METHOD T TYPE

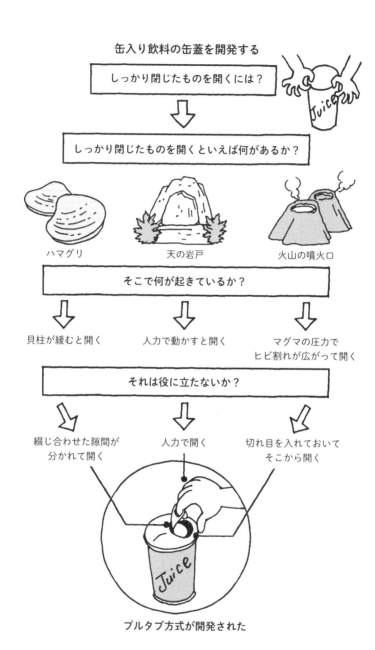

第Ⅱ部 1から複数へ

レビュー

❖ 最も完成度の高いアナロジー法

　NM法はアナロジーを使った発想手法の中でも後発の部類に入るが、先行する技法のよいところを取り入れつつシンプルにまとまっている。

　とかく発想法や創造性技法というものは、創始者が団体をつくるなど囲い込みに走りやすく、独自性を提唱する努力の一環として重く大げさなものになりがちだが、このシンプルさは特筆すべき点である。

　手順がシンプルなことは、アイデアを生み出す速さをもたらす。

　しかも、繰り返しゼロから始めるのではなく、1つ前の質問から別のアイデアを生み出せるから、短時間に多くのアイデアを生み出すことにつながる。

　そもそも各ステップでの作業時間も短い。『アイデアのつくり方』（ジェームス W.ヤング）のように霊感が降りてくるまで寝かしておかなくていいし、KJ法みたいに渾沌をして語らしめるのを待たなくていい。

　「問題をさまざまな観点から見る」「多様な解決策を複数つくり出す」という問題解決に不可欠の目標をクリアできるよう具体的な手順に落とし込んでおり、次に何をすればいいのかが各ステップで明確であるのも長所である。

　さらにいうと、

- ◎ 用途は限定されておらず、どんな問題にも使える。
- ◎ 既知を未知の問題に適用するアナロジー（類比）を基本にした手法で、初めて直面する問題にも使える。
- ◎ 自由度を上げて発想を広げることにも、実用性の高いアイデアを得ることにも使える。

※ レトリック的思考を駆使するNM法
　NM法はアナロジーだけでなく、さまざまなレトリック技法をコンパクトな手順の中に盛り込んでいる。
　まず、QK「要するにどうすれば／どうなればいいか？」とQA「○○なものといえばたとえば何があるか？」というステップは、カテゴリー関係を上がり下がりするシネクドキ[＊2]的思考を用いている。
　次に具対物について、QB「○○では何が起きているか？」では、対象の隣接性をたどるメトニミー[＊3]的な思考が働いている。
　最後のQC「それは役に立たないか？」は、似ているものを転用するアナロジー的思考でアイデアを生みだす。

[＊2] シネクドキ（synecdoche、提喩〈ていゆ〉）は、上位概念を下位概念で、または逆に下位概念を上位概念で言い換える比喩表現をいう。たとえば「花見」は日本では、花一般を見ることではなく、花の下位概念である「桜の花」を見ることを指す。また「人はパンのみにて生きるにあらず」でいう「パン」は、その上位概念である「食べ物一般」を指している。
[＊3] メトニミー（metonymy、換喩〈かんゆ〉）は、対象の隣接性あるいは近接性に基づいて、語句の意味を拡張して用いる比喩の一種である。シネクドキが概念上の上下（包含）関係に根拠をもつのに対して、メトニミーは現実的に隣接／近接している事実に基礎をもつ。たとえば「永田町」で日本の国会を、「霞ケ関」で官公庁を指すような表現がメトニミーである。「永田町」と「国会」とは概念的には何の関係もないが、日本の国会議事堂がたまたま永田町に建っているという〈事実〉によって、この表現は成り立っている。

GENNAI'S BRANDING

36
源内の
呪術的コピーライティング

世に呪術(まじない)の種は尽きまじ

難易度 ◯ ◯ ◯ ◯ ◯

開発者
平賀源内(1728 - 1779)

参考文献
『美味求真』(木下謙次郎、啓成社、1925)
『図説金枝篇』(J・G・フレーザー監修、S・マコーマック編、講談社、2011)
『一般言語学』(ロマーン・ヤーコブソン、みすず書房、1973)

用途と用例
◎ パワフルな比喩表現をつくる。
◎ 新しい呪術を創案する。

レシピ

1. **使えそうな／類似の、既存呪術を探す。**
   ☞ 俗信、迷信、民間信仰、都市伝説、疑似科学などがソースとして利用できる。

2. **新しい要素を追加する／古い要素を新しい要素と入れ替える。**
   ☞ オズボーン・チェックリスト（→ 163 ページ）やシソーラス・パラフレーズ（→ 279 ページ）、タルムードの弁証法（→ 285 ページ）なども活用できる。

3. **由来を捏造する。**
   ☞ 元になった歴史的事例が語られ、時に著名人が事例の登場人物として登場させられる。

サンプル

土用の丑の日にウナギを食べる習慣

　　このアプローチの最も顕著な成功例は、平賀源内が仕掛け人であると伝わる、土用の丑の日にウナギを食べる習慣である[*1]。
　　もともと土用の丑の日に、丑湯といって薬湯に入ったり、「う」のつく食べ物を食べる風習（うなぎだけではなく、どじょうやウリ、梅干

しを食べる地方もある）があったが、これは音の類似性に基づく呪術であり、源内のコピーライティングはこれに寄る形で成功し（あるいは平賀源内をオリジネーターとして取り込むことを含めて俗信として成立し）、現在では土用の丑に食べるものとしてはウナギの一人勝ちという状況となっている［＊2］。

同種の言葉の類似性に基づく呪術は、現在でも健在である。

たとえば、古くは「カツを食って勝つ」と駄洒落的に験担ぎしていた受験生は、その後も「カール」（うかーる）、「キットカット」（きっと勝つ）、「コアラのマーチ」（コアラだから木から落ちない）等、次々に新しい呪術を自然発生的に生み出して（あるいは誰かのマーケティングに乗っかって）用いてきた。

［＊1］美食随筆の嚆矢である木下謙次郎『美味求真』によれば、「或る書物に『平賀源内性鰻を好みしが、かつて出入の鰻屋より看板の潤筆を依頼されたるとき、奇才縦横の先生の事とて、何ぞ奇抜なる思付きにて奇利を博せしめんものと一考の後、恰も其の日が土用中の丑の日なりしかば、やをら筆執り揚げ墨痕鮮やかに『今日は丑』とものし早速此の大看板を掲出したりしが、何が扨て当時声名を一世に馳せたる源内先生の揮毫とて、大に市人の注意を惹き、先生の事なれば丑の日と鰻は何ぞ深き関係あるべきを思ひ、案外の大評判となり、忽ち門前市を為したりと云ふ」とあり、味をしめた店が翌年も同じ看板を掲げて繁盛したが、江戸中の蒲焼屋がこれにならった云々、と出典を詳らかにせず引用し、「穿ち過ぎて落語家流の一笑話を思わしむ」と感想を付け加えている。

［＊2］「鰻」「土用鰻」は夏の季語として歳時記に採用されているが、書誌学者の林望によれば「江戸時代の歳時記の類には、鰻も土用鰻も季語とはなっておらず、また実際に夏の鰻を詠んだ句などもいっこうに見当たらない。土用鰻の連想から鰻が夏の季語になったのは近代に入ってからであることは疑いない」と述べている（林望『旬菜膳語』）。

レビュー

❖ なぜ呪術は現在も増え続けているのか？

ヒトの脳は連想的な関係が見つかれば、他の関係も成り立つかのように〈誤動作〉することがある。因果関係まで成り立つように思ってしまうことすら珍しくない。

たとえば、海から引き上げられた海藻が髪の毛のように見えること（類似関係）から、「海藻を食べると髪が黒くなる」という因果関係を想像してしまう（医学的には根拠がない）。

たとえば、日本では葬式の翌日や忌明けの機会に死者の所持品を親族などに分ける形見分けという風習がある。今日では単なる遺産分割の側面が強くなったが、もともとは死者の霊魂を継承するため、死者が生前に身につけていた衣類などを分けることが多かった。形見分けの「垢つき」「お手汚し」「裾分け」という異称はこれに由来する。ここでは、接触もしくは近接関係が成り立つところから、影響関係や代替関係まで広がる連想の働きが支えている。

こうした人間の認知機能の「仕様」ゆえに、呪術は現代社会でも生き残っており、新しい呪術が日々生まれている。

❖ 類感呪術と感染呪術

イギリスの社会人類学者フレーザーは、呪術を類感呪術（homoeopathic magic）と感染呪術（contagious magic）に大別した。

類感呪術は模倣呪術（imitative magic）ともいい類似の原理に基づくものであり、感染呪術は接触・近接関係に基づくものである。先の例では、海藻が髪に効くと考えるのが類感呪術的であり、形見分けは感染呪術的

である。

　両方の側面をもつ呪術も少なくない。丑の刻参りで、藁人形を憎い相手に見立てるのは類感呪術的だが、人形に相手の髪の毛を入れるのは感染呪術的である。ホメオパシーはその名の通り、もともと「類似したものは類似したものを治す」という理論に基づく類感呪術的（homoeopathic）なものだが、現代の施術者は一度薬と接触した水は薬を「記憶している」ため、その後どんなに薄めても薬の効力は変わらないと感染呪術的な理論づけをしている。

※ 呪術は宗教ではなく科学の前段階

　フレーザーは、呪術を宗教ではなく科学の前段階として捉え、呪術には行為と結果の因果関係や観念の合理的体系が存在していることを指摘した。

　もちろんフレーザーは進歩的な近代人の立場から、呪術師や呪術を信じる人たちが考える因果関係は間違いで、類似にせよ、接触にせよ、いずれも観念上で連想を引き起すに過ぎないものを因果関係ととり違えているのだと考えた。

※ 私たちの認知に影響を与える言語の2つの特性

　言語学者ロマーン・ヤーコブソンは、「言語の2つの面と失語症の2つのタイプ」（『一般言語学』）で、失語症患者には大きく2つのタイプがあり（1つは語の言い換えができないタイプ、あと1つは語をつなげて文をつくることができないタイプ）、語の言い換えは類似性に基づくことからメタファーに関係があり、語をつなげることは近接性に基づくことからメトニミー（日本語では「換喩」という修辞技法に訳される）に関係があるとして、「類似性（メタファー）」と「近接性（メトニミー）」が言語の主軸にあることを示唆した。

加えて、フレーザーの「類似」と「接触」という呪術の2つの構成原理は、この失語症の2つのタイプに見られた「メタファー的」および「メトニミー的」という表象作用の2つの軸に対応する、と考えた。つまり我々が話し、書く、狭い意味での〈言語〉を超えて、メタファー／メトニミーの原理を適用できることを示し、言語学から記号論へ向かう扉を開いて見せた。

　言葉の表現としてメタファーやメトニミーに効果があるのと、フレーザーが収集したように類感呪術／感染呪術が世界の至るところで存在するのとは、おそらくは同じ理由、つまり我々の認知構造＝世界の捉え方に、由来している。

　本書でも、各手法の使用例に有名な発明・発見の事例を用いているが、同種の成功例があったというアプローチは類似性に基づく類感呪術的、有名人がその体験者であるとして引き合いに出すアプローチは感染呪術的である。

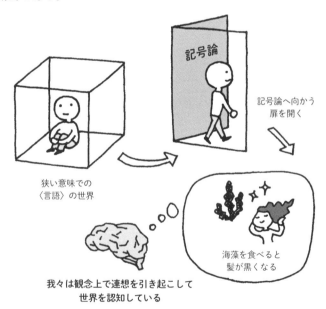

SCIENCE DIAGONALE

37
カイヨワの〈対角線の科学〉
分野の仕切りを貫通する、最も長い射程をもつアナロジー法

難易度 💡💡💡💡💡

開発者
ロジェ・カイヨワ（Roger Caillois, 1913 - 1978）

参考文献
『メドゥーサと仲間たち』（ロジェ・カイヨワ、思索社、1975）
『斜線──方法としての対角線の科学』（ロジェ・カイヨワ、思索社、1978）

用途と用例
◎ 分野の仕切りを壊し、既存の知識を組み替える。
◎ 既存のどの分野でも一部分ずつしか取り扱えないような大きな問題を解決する。

レシピ

1. できるだけ多くの分野を渉猟し、テーマに関連しそうな事項を集める。

2. 集めた事項を読み返し、できるだけ隔たった分野／無関係の領域同士に、照応／類似するものを発見する。

3. 〈隔たったものの照応／類似〉について、筋が通る仮説を考え出す。

4. 仮説を他の事項についても適用し、既存の知識を組み替え、従来のどの分野でも一部分しか取り扱えない〈大きな問題〉を解決する。

サンプル

実例：神話と昆虫の生態から人間の本能の問題を解明する（カマキリについての研究、1937）[＊1]

1 渉猟

ほぼ処女作というべき「カマキリについての研究」を書く前に、カイヨワは次のような知的遍歴を重ねている。

ブルトンに誘われシュルレアリスムに参加し、マルクス主義と精神分析を研究する一方、高等師範学校でモースやデュメジルに人類学・宗教学を学び、バタイユを発起人とする社会学研究会に

[＊1]『神話と人間』（ロジェ・カイヨワ、せりか書房、1975）収録。

も参加している。

2 照応と類似

カイヨワがこの論文で取り上げるのは、人間の神話と昆虫の生態というかけ離れた分野から得られた〈歯のある膣、Vagina Dentate〉と〈性交後に雄を食うカマキリの雌の習性〉の間に見いだされる照応／類似である。

一方の〈歯のある膣〉は、フロイトが去勢不安の文脈で分析した、性交の際に女性が性交相手を呑み込んだり、性器を嚙み切られたりするかもしれないという男性の恐怖を示す古典的なシンボルで、世界中に同種のエピソードを含む神話が発見されている［＊2］。

もう一方の〈性交後に雄を食うカマキリの雌の習性〉はよく知られている。同様の雄喰いは、捕食性昆虫に広く見られるもので［＊3］、身近なものではクモ（ジョロウグモやコガネグモ等）、トンボ、タガメ、スズムシ、コオロギの例がある。

3 仮説化

カイヨワは、性行為の相手を食らうという衝撃的な事例が、人間の神話と昆虫の生態の双方に広く見られることに注目し、これを一貫した視点から説明できる仮説を考える。

最もありふれた仮説は、雌カマキリの雄食いを観察した人間が衝撃を受け、〈歯のある膣〉のエピソードを神話に織り込んだ、というものである。この仮説では、2つはそもそも無関係であり、雄食いの観察は偶然に過ぎない。

しかしこれは表面的に過ぎるし、広範な神話の広がりを説明し

［＊2］たとえば、"Vagina Dentata" in Barbara G. Walker : The Woman's Encyclopedia of Myths and Secrets (Harper & Row, 1983) には、南米のヤノマモ族の神話、ポリネシアの文化英雄マウイの神話、ギリシア神話のラミアー（これはインドでクンダリニー、エジプトでウラエウスあるいはペル-ウアチェト、バビロンでラマシュトゥという聖なる雌蛇である）などをあげている。他にもスウェーデンボルグは歯のある膣をもつ女性が登場する夢を記録しており（1744年4月13-14日、同年10月9-10日）、日本にも、『耳袋』巻之1「金精神（こんせいじん）の事」が津軽での出来事として同様の話を伝えている。

［＊3］このため捕食性昆虫の「共食い」は、自分より小さくて動くものを餌とする習性に従っているにすぎないと考えられている。

きっているとはいえない。むしろ説明すべきは〈性交後に雄を食うカマキリの雌の習性〉になぜ少なからぬ人々が衝撃を覚えるのか、そしてなぜ「虫けらの習性に過ぎない」と捨て置くことができないのか、という部分である。

そこでカイヨワは別の仮説を立てる。神話と習性の違いはあるにせよ、ヒトと昆虫という生物学的に遠い種に、これほど似た現象が現れているのは、やはり両者に共通する原因があると考えるべきではないか。

すなわち、性と食の衝動的結びつきをもたらす同じ源泉から生じる力が、昆虫には直接的行動として出現し、人間には神話や夢という想像力の発露として現れたのではないか、とカイヨワは考えた。

❹ 知の組み換えと問題解決

従来、人間が生み出す神話は、人間が経験する自然現象や人間の社会構造や歴史とは、何らかの形で照応するのではないかとして研究されてきた。

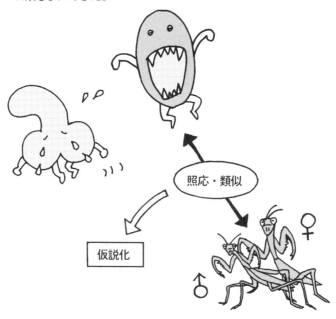

第Ⅱ部　1から複数へ

カイヨワの仮説は、こうした神話理解の枠組みを大きく押し広げて組み換えてしまうポテンシャルをもっている。

　人間の神話と照応・類似するものがヒト以外の生物にも発見されるとすれば、神話の原因・由来の少なくとも一部は、ヒト以外の生物も共有する何かに求める必要があるかもしれない。人間の生活や社会を対象にした分析だけでなく、〈神話の生物学〉とでもいうべきアプローチを含む、神話学の再構築が要請される。

　カイヨワ自身、『人間と聖なるもの』(L'homme et le sacr, 1939)の中で、自分を破滅させるものを「聖なるもの」に仕立て、それに深入りして悲劇的結末を迎える人間の不可解な行動を解明するために、真っ赤に燃える炎の光に惹かれてその中に飛び込む蛾に、その照応／類似を見いだして「聖なるもの」を巡る衝動の本質に迫ろうとする。さらに『遊びと人間』(Les jeux et les hommes, 1954)でも、昆虫の「遊び」が参照され、これらの延長線上で『本能——その社会学的考察』(Instincts et socit, 1974)では、人間の本能の問題を解明する。

実例：造形芸術と蝶の羽の文様から美の本質を探る（『メデゥーサと仲間たち』『石が書く』）

1 渉猟

　人間の神話や社会を突き動かす力を探求するのに、昆虫の生態に対照物を見つけるカイヨワのアプローチは2つの批判を受けた。1つは、そうした照応と類似は偶然に過ぎないというもの、もう1つは昆虫に人間の属性を投影しているだけの一種の神人同形同性説であり、あまりに人間中心主義的である、という批判である。

　カイヨワは自身の分析の領域を、聖なるもの、文学、詩、夢、遊びと社会、美学、戦争、幻想、イメージ、夢……と、展開しながら、

類似の方法を手控えるどころか、むしろその射程をさらに伸ばすことで反論に応じていく。

2 照応と類似

『メドゥーサと仲間たち』では、人間がつくり出す造形芸術と、蝶の羽の文様が照応され、その間の類似が見いだされている。

さらに、照応／類似の射程は無生物にまで及び、形象石と呼ばれる美しい石（カイヨワはそのコレクターでもある）が、人のつくり出す美と対照される。

ここでの照応／類似で注目すべきは、蝶の文様／石の模様がつくり出す美が、人のつくり出す美を超えているようにさえ見えるところである。

3 仮説化

まず検討すべき仮説は、蝶の美しい文様は自然淘汰を通じて生み出されたという、生物学から得られたものである。たとえば蝶の文様があのように美しいおかげで、捕食を避けられたり、異性を引きつけたりするのであれば、その遺伝子は次代に受け継がれ、世代を重ねることで、美しさが磨かれてきたと考えられる [*4]。

しかしカイヨワはここで満足しない。より単純な人工文様でも蝶が引きつけられることを確認し、なぜ蝶はさらに美しい文様を生み出したのか、自然淘汰だけでは説明し切れないと考えるのだ。

そこでカイヨワはかつて、想像力と習性という現れ方に違いはあるにせよ、人間とカマキリというかけ離れた種に同種の現象が現れることから共通する原因があるとしたアプローチに立ち返り、ここでも同様の仮説を立ててみる。

すなわち芸術家の想像力と蝶の羽の文様とに、現れる場所は異なるにせよ、やはり同じ力が働いているのではないか。この美を生み出す共通の力という仮説は、一見突拍子もなく見えるが、よ

[*4] 蝶と蛾の違いは、蛾の雄はもっぱらフェロモンに誘われて雌に集まるのに対し、蝶の場合は視覚によっても雌の存在を探知するところにある。

り普遍的ではある。

　つまりカイヨワが持ち出すもう1つの証拠、石の美しさについて、自然淘汰は説明できないが、〈自然には生物・無生物を問わず美を生み出す共通の力がある〉という仮説には説明可能性がある。

4 知の組み換えと問題解決

　〈自然には生物・無生物を問わず美を生み出す共通の力がある〉という仮説はまず、これまでの美学の前提を覆し、その構成を根本的に組み替える。

　たとえば、美を生み出すことを人間に独占させていた従来の美

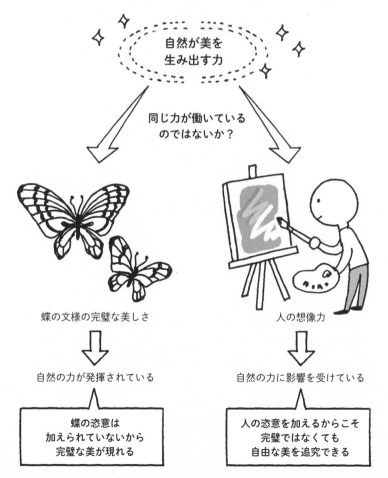

学では、美の源泉は自然の模倣や芸術家の霊感など、時代や流派によって銘々に主張されてきた。これらの違いは今や些末なものとなる。どのような経路を通って現れようと、自然に備わる美を生み出す力には変わりはない。

さらに蝶の羽の文様と芸術家の作品を比べた際に、蝶のほうが勝っているのではと感じた理由についても、新たな光が投げかけられる。蝶の文様の美が完璧なのは、自然が、美を生み出す力を十全かつ必然的に発揮するからであり、それ以外の恣意を蝶が加えることができないからだと考えられる。

人は自然に従うだけでなく、そこに自分の恣意を加える自由、そうして間違えることができる自由をもっている。それゆえに、人の生み出す美の多くは蝶の美にかなわないけれども、誤るからこそ試行錯誤することもできると、カイヨワは新たな自由論を提起する。

レビュー

❖ 異分野同士を結びつけ、知の構成を変える

文学、芸術、神話、社会、遊び、そして昆虫、果ては石まで、幅広い領域に展開し、しかも膨大な事例を駆使しつつ、大胆な仮説を何度も提示するロジェ・カイヨワを、学際（interdisciplinary、研究がいくつかの異なる学問分野にまたがって関わること）の発見者と呼ぶ向きがある。

しかしカイヨワの知的活動は、いわゆる学際と似て非なるものである。学際は、まずもって隣接分野の相互交流をはかり、学問分野の狭間でどちらも担当しないまま抜け落ちてきた部分を埋めることを目指す。

カイヨワはこれと異なり、はるかに隔たった、共通の祖先をもちよう

がないように見える異分野同士を結びつけ [＊5]、いくつもの知の構成体を組み替えてしまう。

※ 異分野同士の共通項が、見慣れた風景を変えてしまう

もともとアナロジーは、我々の知識の在り方を組み換えずにはおられないものだ。

互いに隔たった概念は、通常別のカテゴリーに属しており、そうした2つの概念を結びつけるには、新たなカテゴリーが必要になる。

概念を結合したり、比喩（これも普通は結びつかない2つの事項を出会わせる）を使う際に、創発的に生まれるこの新カテゴリーをアドホック・カテゴリーと呼ぶが、これにより、どちらの概念にも含まれていなかった意味が創発したり、少なくともこれまで注目されてこなかった側面が発見される [＊6]。

カイヨワの〈対角線の科学〉では、通常の概念結合や比喩以上に、大規模な組み換えが起こりえる。

たとえばカマキリの雄食いと人間の神話との両方に、同じものがあるという発見1つだけでも、我々のカマキリに対する見方を、そして自分たちの神話に対する見方を変えてしまう。

我々はもはや、カマキリを我々と何の関連もない虫けらとは思えないし、神話を人間の独占物であるという考えに疑念を感じずにはおられなくなる。こうして、我々のものの見方は変更を余儀なくされ、これがまた見慣れたものについての新たな発見を引き起こし、連鎖反応的に知識の再構成が進む。

[＊5] 生物学では、ある形態や遺伝子が共通の祖先に由来することをホモロジー（相同性）といい、これに対して生物の種間でそれぞれ別の祖先、構造に由来しているにもかかわらず、機能的・形態的に同じか似た役割を果たす形質が発達してきたことを指してアナロジー（相似性）と呼ぶ。カイヨワが駆使するのは、この意味でのアナロジーである。

[＊6] たとえば「ペット＋鳥」という組み合わせから、「しゃべる」という性質を思い浮かべる人が一定数いる。彼らが九官鳥やオウムを想起したのは明白だが、この性質は「ペット」にも「鳥」にも通常含まれない（少なくとも主たる性質として注目されたものではない）。

第9章 アナロジーで考える

277　　　　　　　　　　　　　37 Science Diagonale

※ 組み合わせるだけでなく、共通原理を求める

〈対角線の科学〉は、シュルレアリストたちのデペイズマン（→181ページ）に対する批判的乗り越えでもある。若い時期にシュルレアリスムに参加し早々に決別したカイヨワは、できるだけ異なるものを結びつければより強い効果が得られると考え、突飛なだけの組み合わせを求めるデペイズマンの試みに与しない。

異なった領域に現れ、一見無関係に見えながらも、その奥に同じ原理を潜めているもの同士こそ、〈対角線の科学〉が近寄せて比較対照するものである。

通常の弁証法（→弁証法的発想法、217ページ）が、矛盾し合うもの同士を調停・克服して、両者を統一的に捉えるものだとすれば、〈対角線の科学〉は、隔たり合うもの同士を結びつけ、あるいは隔たりあいながら類似するという矛盾を調停・克服して、両者を統一的に捉える原理を見いだそうとするものである。

「宇宙は解き難く錯綜していると言えるかもしれない。しかしそれは解きほぐされうるものであるということに賭けなければならない。さもなければ、思考というものはいかなる意味ももたないだろうからだ」

——『斜線——方法としての対角線の科学』

38 シソーラス・パラフレーズ

類語辞典を発想の支援ツールにする

難易度 💡 💡 💡 💡 💡

開発者
エドワード・デボノ（Edward de Bono, 1933- ）
ロバート・オルソン（Robert Wallace Olson, 1940-）

参考文献
de Bono, E. (1970) Lateral Thinking, Pelican
Olson, R.W. (1980) The Art of Creative Thinking New York, Barnes & Noble

用途と用例
◎ 問題を新しい見方で検討する。
◎ 問題に隠れている意味や仮定を浮かび上がらせる。

レシピ

1. 問題を 2 〜 3 語のキーワードを含むシンプルな文で表す。あるいはもっとシンプルに、問題を形容詞＋名詞や動詞＋名詞の 2 語で表す。

2. 類語辞典（シソーラス）などを使い、キーワードのそれぞれを類義語に置き換える。これを繰り返し、置き換えた文（句）を次々つくっていく。
   ☞ 1 文（句）の中のすべての単語を入れ替えてもいいし、1 つずつ入れ替えて文（句）をつくっていってもよい。

3. できた文（句）を読み返し、問題に隠れていた意味や仮定を考える。

サンプル

いかにして散らかった部屋を整理するか？

最もシンプルな 2 語の例として「部屋を／片づける」を考えよう。まず「片づける」だけを対象にして、類義語に入れ替えていく。

部屋を／片付ける　　部屋を／整理する
部屋を／始末する　　部屋を／引き払う
部屋を／放棄する　　部屋を／諦める
部屋を／捨てる

入れ替え続けていくと元の文意から離れていく。「部屋を／引き払う」以降は、別種の問題解決になっている（ある意味、根本的とい

えなくもない）が、期待する解決の範囲を超えてしまっている。こうして〈部屋の所有と使用を保持したまま〉というのが、前提として浮かび上がる。

　次に「部屋」を類義語に入れ替え、「片づける」のほうもそれに合わせて類義語と入れ替えよう。

　　　　部屋を／片付ける　　空間を／整理する
　　　　居場所を／諦める　　スペースを／放棄する
　　　　部屋を／放棄する　　家を／引き払う

38 THESAURUS PARAPHRASE

たとえば「空間を／整理する」から、部屋をいくつかのエリアに分けたうえで片づけを順番に取りかかったり、散らかり具合を軽減するアイデアが生まれる。

あるいは「スペースを／放棄する」からも、部屋の一角に未整理ゾーンを設けて、片づかないものはそこへ押しやることで部屋の他の部分を片付ける、というアイデアが生まれる。

レビュー

※ 類語辞典の意外な活用方法

アイデアを生み出す発想法には、言葉遊びに類するものが少なくないが（→ゴードンの4つの類比、238ページ）、この技法は類語辞典（シソーラス）を用いて元の文のキーワードを置き換えていくところに特徴がある。

シソーラス（Thesaurus）は、1852年にイギリスの医師ピーター・マーク・ロジェ（Peter Mark Roget, 1779-1869）が、語彙を意味によって体系的に分類し、配列し

ロジェの原稿。『ロジェのシソーラス』では、8つのクラスから細分化を繰り返した1042のカテゴリーの分類によって、すべての語とフレーズが意味のグラデーションをなすように配列される。語源はギリシア語で宝庫の意味であり、この辞書以来、意味のうえから分類し関連語を示した辞書をシソーラスと呼ぶようになった。

1865年頃のピーター・マーク・ロジェ。イギリスの医師、辞書編纂者。ジュネーブから亡命した牧師の子として生まれ、エディンバラ大学で医学を学び、マンチェスター病院の医師（1804）、ロンドンの北部診療所の医師（1808）、イギリス国立科学研究所の生理学のフラーリアン教授（1833-1836）などを務める。ロイヤル・ソサエティの会長を長年務め（1827-1849）、ロンドン大学評議会発足時からの会員でもあった。医師を引退後、辞書の編纂に専念し、1852年『ロジェのシソーラス』を出版した。

た『Thesaurus of English Words and Phrases』を嚆矢とする。ロジェはすべての言葉を、単語ばかりか慣用句や名句のようなものまで、自らが考案した分類体系に位置づけ、全体を意味のグラデーションをなすように配列した。意味の近しい語は互いに近くに集められ、意味がずれるごとに離れたところに配置されていく。

『ロジェのシソーラス』は、今回の技法のように、置き換えながら少しずつ意味をずらしていく目的に合致したレファレンスツールである。幸いにしてシソーラスについては『角川類語新辞典』(1981)の登場以来、『日本語シソーラス 類語検索辞典』(2003) など、日本語でも使えるものが存在する。

❖ 言葉を入れ替えることでアイデアの可能性を広げる

ソシュールは、言語をはじめとする記号をヒトが取り扱う際に、記憶の中で潜在的状態で存在している記号のシステムがどのように働くのかを説明して、記号同士の位置づけに関する統語（シンタグム）的な関係と、記号同士の代用に関する範列（パラディグム）的関係を区別している。

フェルディナン・ド・ソシュール。スイスの言語学者。構造主義言語学の祖とも呼ばれる。死後、ジュネーブ大学での講義を弟子が編集・出版した『一般言語学講義』は言語学を超えて人間諸科学に広く影響を与えた。

　シソーラス・パラフレーズは、タルムードの弁証法（→ 285 ページ）と同様に、範列的関係＝記号同士の代用関係に根ざした技法である。取り替えられるキーワードは、文の同じ位置を占めることができるものであり、代替されるがゆえに同時には現れないもの、文をつくる際に我々が無意識に選択しているものである。

　シソーラスの本来の目的が、文をつくる際にどの語を使うべきかという我々の選択を支援するものであったことを思い出せば、この技法にシソーラスが用いられている理由、我々の発想を支援するツールとして利用できる理由がわかる。

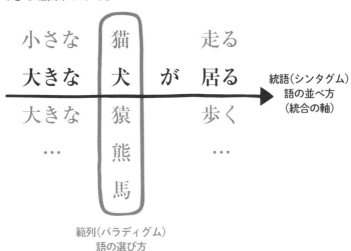

39
タルムードの弁証法
すべてを失ったユダヤ人が生きのびるために開発した
テクスト解釈法

難易度 💡💡💡💡💡

開発者
歴代のタンナイーム [*1] とアモライーム [*2]

参考文献
『タルムード四講話』（エマニュエル・レヴィナス、国文社、1987）
Hahn, Aaron. (1879). Rabbinical Dialectics: a history of the dialecticians and dialectics of the Mishnah and Talmud. Bloch & Company.

用途と用例
◎ １つの文言から、数多くの意味と発想を取り出す。

[*1] １世紀の初めから、ミシュナーの完成する 200 年頃までのユダヤのハハーミーム（賢者）の名称（複数形、単数形がタンナー）。彼らの遺産が〈ミシュナ〉と呼ばれる口伝律法の集成である。

[*2] タンナイームの後、３世紀から６世紀、イスラエルの地とバビロニアのコミュニティにおいて教授したハハーミーム（賢者）。彼らの成果が〈ゲマラ〉と呼ばれる〈ミシュナ〉への注釈である。タルムードは〈ミシュナ〉と〈ゲマラ〉から成る。

レシピ

1 元になる文章を選ぶ。

2 重要な語句の1〜2語に下線を引く。

3 下線を引いた語句を、次のような語句に入れ替える。
  - ☞ ◎ 同義語、類義語。
  - ◎ 同じ単語の別の意味、より古い意味、語源。
  - ◎ 文脈からそうあるべき語。
  - ◎ 元の語句と直線関係はないが、入れ替えても意味が通る語句。

4 語句を入れ替えてつくった文章の妥当性をチェックし、その文意を解釈する（意味を発掘する）。

5 必要なだけ、**3**〜**4**を繰り返す

サンプル

タルムードに見られる最もシンプルな例では、次のように用いられる。

(a)「人がもし、他の人に対して罪を犯すと、神（エロヒーム）がその仲裁をしてくださる」（サムエル記Ⅰ 2 - 25）

オーストリアの画家が描いたタルムードの研究、議論をしているラビや学者たちの様子。トーラーの教えの探求において議論と論争は常に推奨された。ユダヤの賢者は伝統的に２つのタイプに類型化され、それぞれ「水一滴も漏らさぬ漆喰を塗った水槽」と「湧き出る泉」に喩えられる。「漏らさぬ水槽」は師の教えを一言も漏らさず吸収した賢者、「湧き出る泉」は批判精神に富み常に論争を挑み納得いくまで主張する賢者である。

という聖書の一節に、タルムードの弁証法を適用してみよう。

まず神を意味する「エロヒーム」という言葉はもともと「権威」「権力」を意味する言葉である〈より古い意味、語源〉。

罪を犯した者に対する権威、権力とは、すなわち彼の罪を裁く存在だと考えられる。そこで、「エロヒーム」を「裁き人」と解釈すれば〈文脈からそうあるべき語〉、聖書のこの一節は、次のように読みかえることができる。

(b)「人がもし、他の人に対して罪を犯すと、〈裁き人〉がその仲裁をしてくださる」

39 Dialectics of the Talmud

作業を続けると、「裁き人」が行う「仲裁」とは、つまるところ「審判」であり「判決」でもあるから〈文脈からそうあるべき語〉、この一節はさらに、

(c)「人がもし、他の人に対して罪を犯すと、〈裁き人〉がその〈審判〉を行う」

と読むことができる。
　こうして到達した表現は、元の文言からすると、ほとんど正反対とも言える主張〈人間たちの間の聖邪理非の判定は、地上の裁きの場によるのであり、神はかかわらない〉を含むものになっている[*3]。
　こうした展開によって聖書やその解釈が奥深くもっていた意味を掘り起こし、聖書とその解釈の間の、また異なる解釈同士の間に発見された齟齬や矛盾を調停していく。

レビュー

❖ユダヤ教独特の解釈学

　神殿も領地も王も預言者も政治的独立はおろか神の呼び名さえも失ったユダヤの民は、その教え（トーラー）の研究と学習に注力することで、共同体を再建し現在まで続いてきた。
　書かれたものを宗教の中心に据える最初の宗教であるユダヤ教は、テキストを読み解釈することを、生活と社会の中心に置く共同体でもある。聖なる成文律法は変更することが許されぬゆえ、彼らは聖典の解釈をそ

[*3] この傾向はユダヤ教で深化され、神意の決定に奇跡や託宣、くじや呪術に頼らず、あくまで理性的な議論で決着をつけようとする伝統につながっている。

(a) 人がもし、他の人に対して罪を犯すと、神（エロヒーム）がその仲裁をしてくださる

エロヒームを〈裁き人〉と解釈する

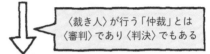

(b) 人がもし、他の人に対して罪を犯すと、〈裁き人〉がその仲裁をしてくださる

〈裁き人〉が行う「仲裁」とは〈審判〉であり〈判決〉でもある

(c) 人がもし、他の人に対して罪を犯すと、〈裁き人〉がその〈審判〉を行う

地上では神ではなく人間たちの間で裁きを行う

こうして意味を掘り起こして行く

の周囲に蓄積することで、時代・場所によって際限なく変化する生活や社会という現実と聖典を結びつけ続けた。経験においても、産出したものにおいても、人類史上最も豊かな解釈学がそこには育った。

タルムードは、成文トーラーとは別の口伝トーラーを編纂した〈ミシュナ〉と、それを解釈した〈ゲマラ〉から構成される。口伝はさまざまな学派で別々に伝承されてきたものだが、〈ミシュナ〉は少数派の伝承をも併記する。

その解釈の集成である〈ゲマラ〉では、複数の解釈が論争された過程ごと記録される。聖典を引用し、推論を加え、互いに論駁し合う様を学ぶことで、学習者には聖典と口伝、口伝と解釈、解釈同士の間の矛盾を発見し、論駁による新解釈を生み出すことが推奨される。こうしてタルムードの周囲にも解釈が積み重ねられてきた。

❖ 新しい問題を掘り起こす思考の運動

タルムードの弁証法とは、大きくは、この対話的かつ論争的なタルムードのあり方を指していわれる。

タルムード中の論争で用いられ、それを学究する者たちも議論を行う際に従うべきとされた推論規則——ヒレルの7規則、イシュマエルの13規則、エリエゼルの32規則など——も、タルムードの弁証法と呼ばれることがある。

今回、技法として取り上げたのは、現象学とタルムードに深く学んだ哲学者レヴィナスがタルムードの中で繰り返し用いられていると指摘する方法、「我々が範例的と呼ぶ思考方法（méthode de pensée que nous avons appelée paradigmatique）」を元にしたものである。

この方法はかなり強力で、ヒレルの7規則をはじめとするラビたちの推論規則を包含できるばかりか、繰り返し用いれば、ほとんどどんなものにも元の文章を改造できるほどである。

これにより1つの文言に封印された意味生成の力を解放し、無尽に多

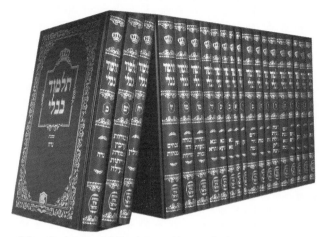

バビロニア・タルムード全巻。タルムードは、ユダヤ教の口伝律法〈ミシュナ〉と、これに対する注釈〈ゲマラ〉を集大成したもので、ユダヤ人にとって「モーセ五書」（トーラー）に次ぐ権威をもつものである。〈ミシュナ〉は紀元200年頃にラビ・ユダによって初期律法学者の教説を選別・体系化して編集された。これがパレスチナとバビロニアの両地で律法研究の基本資料となり、膨大な注釈〈ゲマラ〉を生んだ。これは別々に編纂され、パレスチナ・タルムード（390年頃）とバビロニア・タルムード（500年頃）となった。タルムードの本文には〈ミシュナ〉の各節と、それに対応する学者たちの議論と解釈を記録した〈ゲマラ〉が交互に配置されている（写真：Reuvenk）。

くの意味を取り出すことが可能になる。

　ここにあるのは唯一の正解や最終的な合意に達するよりむしろ、次々に新しい問題を掘り起こすことを優先する思考の運動である［＊4］。

［＊4］こうした強力な推論法を用いて解釈の複数性を追究しながら、恣意的な妄想に陥らないために、タルムードの解釈では「読みの歴史的継続性」と「注釈の伝承」が重要となる。これは師から弟子への対面による口伝によって担保される。

第10章　パラフレーズする

39 DIALECTICS OF THE TALMUD

40 赤毛の猟犬
アイデアの原っぱで転げ回る

難易度 💡💡💡

開発者
ジェイムズ・ヒギンズ（James.M.Higgins）

参考文献
Higgins, J.M.(1994).101 Creative Problem Solving Techniques_ The Handbook of New Ideas for Business-New Management Pub. Co. (1994)

用途と用例
- ◎ 多くの要素が絡んだ複雑な問題解決のアイデアを得る（長い文章を執筆することなどが含まれる）。
- ◎ インキュベーション（アイデアのひらめき、育成）のための仕込みを行う。

レシピ

1. 問題についての情報を集めて、素早く読み返せるよう、1項目ずつ1枚のカードに要約する。

2. すべてのカードを読み通す（途中で中断せず一度に頭に入れる）。できれば、どんな組み合わせがあるかを徹底的に考える（こうすることで情報が頭脳に浸透する）。

3. アイデアが生まれるのを待つ（インキュベーション、何か別の作業をするか休憩をとる）。

サンプル

実例：李商隠、正岡子規、丸山眞男の獺祭

　　後述するように、この方法は技法というより、少しでも本格的にものを書いたり考えたりする人なら自然にやっている行動である。
　　たとえば漢語には「獺祭」という言葉がある。中国では、かわうそが捕まえた魚を食べる前に自分の周囲に並べておくのを、ちょうど神に供えているように見えるとしてこれを「獺祭魚」と呼び（『礼記』月令篇に「孟春之月、獺祭魚」とある）、転じて、詩文をつくるとき

多くの書を広げ散らかしながら想を練ることも「獺祭」と呼んだ。

元は唐代末期の詩人で、華麗で幻想的な措辞を駆使し煩瑣なまでに典故を用いた李商隠(812-858)の詩のつくり方をそしった悪口だったが、正岡子規はこれを号に獺祭書屋主人と名乗った。

政治学者・思想史家として知られる丸山眞男も、カードではないが、二百字詰め原稿用紙にアイデアを順不同に書いて、それを部屋中に並べて、一心不乱に文章の構成を考えたと伝えられる。

レビュー

※ 資料の上を転げ回る犬

「赤毛の猟犬」という風変わりな技法名は次のようなエピソードに由来する。

ある日、この技法の開発者であるヒギンズの飼犬（アイリッシュ・セッターという品種の赤毛で人懐っこい猟犬2匹）が、草原でそうするように、床

資料の上を転げ回る犬のように資料にまみれてみることが
アイデアを生むための仕込みになる

に広げてあった資料の上を転げ回った。これを見たヒギンズは、これこそ複雑な問題を解く際にいつもやっていることであり、ありったけの資料を広げて資料にまみれてみる〈アイデアの仕込み〉の作業そっくりだと思い至ったのだ。

つまりヒギンズは、いつも自分がやっていた行動に改めて名称を付けて技法化したわけである。漢語を使って和名を「獺祭法」としなかったのは、ただ床に並べるだけより、転げ回る様子が技法にふさわしいと考えたからである。

❖ 要素が多く、複雑なほど効果を発揮

この手法は、問題を構成する要素が、我々が一度に捉えられる思考の視野に収まりそうもないほど多く、複雑に絡み合っている場合に力を発揮する。

構成要素が比較的少数ならば、関係アルゴリズム（→ 174 ページ）や属性列挙法（→ 199 ページ）や形態分析法（→ 205 ページ）ですべての組み合わせを試してみるほうが速いが、要素数が増えていくと総当たり的に組み合わせを検討するやり方は事実上不可能になっていく。

意識的努力で要素の間の関係を検討する代わりに、資料の要約と一覧化と通覧（KJ法を知る人は、これらがKJ法の最初のステップに当たることに気づくはずだ）を経て、必要なデータすべてと脳を絡ませて、あとはインキュベーション（→ポアンカレのインキュベーション、296 ページ）の際の脳の働きに任せてしまうのだ。

インキュベーションに先立つ〈アイデアの仕込み〉の段階では、できるだけ多様な情報にまみれる作業が有効だが、この部分は取り組む問題によって異なるため、各分野での努力に任されることが多く、技法化されたものは少ない。

「赤毛の猟犬」は、分野を問わずほぼ汎用で用いることのできる〈アイデアの仕込み〉技法である。

40 ROLLING IN THE GRASS OF IDEAS

POINCARE'S INCUBATION

41
ポアンカレの
インキュベーション

すべてはここから始まった、発想法／創造性研究の源流

難易度 💡💡💡💡💡

開発者
ジュール＝アンリ・ポアンカレ（Jules-Henri Poincaré, 1854 – 1912）

参考文献
『科学と方法』（ポアンカレ、岩波文庫、1927）

用途と用例
◎ 手のつけられない難問を解決する。
◎ 行き詰まった観点やアプローチから発想者を解放する。

レ シ ピ

1 まず意識的かつ集中的に問題に取り組む。
☞すぐに解決できる問題は解決しておく。また、できるだけ多くの解決法、アプローチをリストアップしておく（NM 法や属性列挙法などの他の技法を併用するといい）。

2 その後、しばらく問題から離れる（別の活動を行う、休息する、散歩に出る等）。

3 休息中や他の活動中にひらめきが訪れる。

4 得られたひらめきについて、再び意識的かつ集中的に取り組む（検証する）。

41 POINCARE'S INCUBATION

サンプル

　この方法は、多くは無自覚のうちに少なからぬ人たちが行っているものだが [*1]、そのプロセスを最初に詳細に記述したポアンカレの事例を取り上げるべきだろう。
　ポアンカレは、自身がいかにしてフックス関数についての最初の論文を書いたかを記述している [*2]。数学に関心がない人にとっては難しい内容かもしれないが、以下のプロセスにおける数学用語を○○や△△といった記号に置き換えても、思考の変遷を追いかけることができるはずだ。

《1周目：ポアンカレはフックス関数に類似の関数は存在しないことを証明しようとしていた》
❶ 意識的に問題に取り組む。
　☞ 毎日、机に向かって1～2時間を過ごし、多くの組み合わせを試したが、15日間かけても何の成果も得られなかった。
❷ しばらく問題から離れる。
　☞ ある夜のこと、めずらしくミルク抜きのコーヒーを飲んだせいか、ポアンカレは寝ようとしても眠りにつけずにいた。
❸ ひらめき（ポアンカレは illumination〈天啓〉と呼んでいる）が訪れる。

[*1] ポアンカレの全集の編集者でもあった数学者アダマールは『数学における発明の心理』の中で、ガウスやヘルムホルツなど数学者や科学者がポアンカレと同様の経験をしていることを例証している。
[*2] 1880年、フランス科学アカデミーが「1つの独立変数の線形微分方程式の理論を何らかの重要な点において改良すること」という課題で懸賞論文を募集した際、ポアンカレは合計6本の論文をこの懸賞に投稿しているが、最初の論文の投稿の後、フックスの微分方程式についての論文を入手し、これに刺激を受けて、論文のテーマを切り替えた。そして、フックスのこの論文を唯一の参考として独力で保型関数論の構築に取り組み、立て続けに数十に及ぶ論文を発表していく。自身の研究の導きになったフックスに敬意を評して、ポアンカレはこの関数をフックス関数と名付けている。

☞ すると、アイデアがいくつも押し寄せてきて、互いに衝突し合い、やがてそのうちの２つが互いにつかみ合って結びつき、安定した組み合わせが生まれたのを感じた。

❹ 得られたものについて意識的に検証する。

☞ その後は、朝までの数時間で、高次幾何級数から導かれるフックス関数が存在することを証明することができた。

《２周目：続いてポアンカレはフックス関数を２つの級数の商で表すアイデアに取り組んだ》

❶ 意識的に問題に取り組む。

☞ このアイデアは、完全に意識的な反省を経たもので、楕円関数との類推を元に議論を進め、難なくテータフックス級数と名付けることになる級数を構成した。

❷ しばらく問題から離れる。

☞ 当時住んでいたフランスの都市カーンを離れて、勤務先（鉱山学校）の地質調査旅行に出発した。旅行中は忙しさのため、数学の仕事のことは忘れていた。

❸ ひらめきが訪れる。

☞ 散歩に出かける際に、乗合馬車に乗ろうとステップに足をかけた瞬間、フックス関数を定義するのに用いた変換が、非ユークリッド幾何学の変換と同じであるというアイデアが脳裏をかすめた。

❹ 得られたものについて意識的に検証する。

☞ カーンへ戻った後、このアイデアについてゆっくりと証明に取り組んだ。

《３周目：ポアンカレは今度はある数論の問題に取り組んだ》

❶ 意識的に問題に取り組む。

☞ しばらく取り組んだが目ぼしい結果は得られないままだった（このときには、この問題がフックス関数に関連があるとは少しも思っていなかった）。

❷ しばらく問題から離れる。
☞成果が上がらぬことに嫌気が差し、気晴らしに海岸へ出かけた。

❸ ひらめきが訪れる。
☞断崖の上を歩いている途中、不定値3元2次形式の数論的変換が、非ユークリッド幾何学の変換と同じであるというアイデアが頭に浮かんだ。

❹ 得られたものについて意識的に検証する。
☞家へ戻って、アイデアを考え直し、そこから得られる成果を引き出した。高次幾何級数に対応する以外にもフックス群が存在すること、それらの群にテータフックス級数の理論を適用すれば、最初に取り組んだ他のフックス関数が得られることを導き出した。

レビュー

※ 創造性研究の始まり

　ポアンカレは数学者の思考、それも証明すべき何かを数学者（ポアンカレ自身）が発見するプロセスを詳細に記述し、数学的思考の研究のみならず、創造性研究の始まりを刻んだ。

　ポアンカレの報告は、『政治における人間性』で知られる政治学者・心理学者のグラハム・ウォーラスの『The Art of Thought』(1926)によって〈創造的過程の4段階モデル（準備期、孵化期、啓示・開明期、検証期）〉として定式化され、数学者アダマールの『数学における発明の心理』(1954)にも受け継がれた。

　『アイデアのつくり方』もポアンカレ、ウォーラスに言及しつつ、アイデア生産の5段階（①データ集め、②データの咀嚼、③データの組み合わせ、④

研究室でのアンリ・ポアンカレ。フランスの数学者で純粋数学と応用数学のほとんどあらゆる領域にわたって優れた業績を残した。微分方程式論に新境地を開き、保型関数（フックス関数）の存在を示し、位置解析の研究はトポロジー概念の基本となった。天体力学の領域で三体問題の研究に重要な貢献をした他、電子の力学、相対性理論、電磁気など、物理学に関する貢献も多い。優れた科学哲学者でもあり、その思考は〈科学三部作〉といわれる『科学と仮説』『科学の価値』『科学と方法』に残されている。

ユーレカ〈発見した！〉の瞬間、⑤アイデアのチェック〉を提示している。

※ 天啓は無意識からではなく、固着からの解放で生まれる

　ポアンカレは、体験の報告だけでなく、そこから得られる教訓をまとめている。

- 意識的に問題に取り組んだ後、そしてしばらく問題から離れた後に訪れる天啓（illumination）こそが重要であること。
- この天啓が得られるのは、意識が問題から離れた後も無意識が続いて問題に取り組み続け、結果を返してくると考えるしかないこと。
- この無意識のプロセスが重要だとしても、その前後に意識的に問題に取り組むことが必要であること、でなければ解きたい問題に向けて無意識を働かせることも、その成果を完成させることも難しい。

第11章　待ち受ける

41 POINCARÉ'S INCUBATION

無意識の活動をメインとする、ポアンカレの考察は80年近く信望されてきたが、1980-1990年代になってようやく実験的に反証された［＊3］。
　問題から一時的に離れることは、〈休みなく活動を継続する無意識に続きを任せる〉というよりも、次のことをもたらす。

◎うまくいかないアプローチや観点への固着から離脱すること。
◎長期記憶において問題に直接関連する情報だけでなく、間接的に関連する情報についても活性化が拡大すること（活性化拡散）［＊4］。
◎問題とは関連のないランダム刺激に晒されること（→ランダム刺激、48ページ）。
◎休息によって認知資源が解放され、認知能力が回復すること。

　ポアンカレのインキュベーション（孵化）の正体が、無意識のハードワークでないと知ることには、次のような恩恵がある。
　1つは、発想法にまつわる神秘主義の1つを粉砕できることである。このことは「無意識」という何でも説明できるマジックワードを使わずとも、霊感／天啓を理解できる道を開く。
　またもう1つは、ポアンカレのアプローチもまた、他の発想技法と同様の原理の上に成り立つ陸続きの手法であるとわかることである。創造

［＊3］このトピックについての手際のよいまとめとしては、たとえばSawyer, R. K. (2011). Explaining creativity: The science of human innovation. Oxford University Press. p.100-103、邦訳が読めるものではこれより古い文献だが『創造的認知――実験で探るクリエイティブな発想のメカニズム』（ロナルド・A. フィンケ、トーマス・B. ウォード、森北出版、1999)の第7章「洞察・固着・孵化」。

［＊4］活性化とは、長期記憶に格納された情報が取り出しやすくなることをいう。活性化のレベルはその情報が最近使用されたかどうかというその情報の使用頻度（学習の程度）に左右される。長期記憶はネットワーク状に構築されており、ある情報が活性化されると、その情報と関連した（ネットワーク的に近接する）情報もまた活性化される。たとえば「雨」という情報が処理されると、これと関連した「雲」や「水」の情報も活性化され、思い出しやすくなり連想されやすくなる。こうして活性化はネットワークを伝って広がっていく（活性化拡散）。この活性化拡散は自動的に生じると考えられている。

性や発想を損なう固着から我々を解放することを目指した技法は、本書でも紹介しているように数多い。陸続きであることがわかれば、そうした発想法との組み合わせや相互乗り入れが可能になる。

たとえばアナロジーを使った手法や、問題をより抽象的な観点から捉え直すカテゴリー還元に類する技法（→コンセプト・ファン、116ページ）（→なぜなぜ分析、102ページ）、目的を決めず（あるいは隠して）組み合わせを生成した後に目的に合わせた適用を考える方法（→フィンケの曖昧な部品、71ページ）（→ランダム刺激、48ページ）など、併せて使える手法は多い。

実験は創造性についての長年の謎を解き明かすだけでなく、発想法の古典と新手法が邂逅（かいこう）する機会をもつくるのである。

DREAM WORKS

42
夢見
夜の眠りを味方につける

難易度 💡💡💡💡💡

開発者
不詳

参考文献
『夢判断の書』(アルテミドロス、国文社、1994)
『脳は眠らない――夢を生みだす脳のしくみ』(アンドレア・ロック、ランダムハウス講談社、2006)

用途と用例
◎ 手のつけられない難問を解決する。
◎ 行き詰まった観点やアプローチから発想者を解放する。

レシピ

1 解くべき問題・課題について、眠る前に十分に浸っておく。

- ☞ 問題・課題についての資料・情報を読み直し、自分なりのまとめをつくることで、インプットする。赤毛の猟犬（→ 292 ページ）の手法を使うのもよい。
- ☞ すぐに解決できる問題は解決しておく。また、できるだけ多くのアイデアやヒントを書き出しておく（NM 法や属性列挙法などの他の技法を併用するといい）。

2 眠る。

3 起床後、すぐに夢を記録する。

- ☞ 目覚めると夢の記憶はすぐ消えてしまう。記録を書く間にもどんどん消えていく。したがって、単語やフレーズの断片でいいので書けるだけ書く。夢の記録を習慣化すると、夢を覚える力も記録できる量・質ともに改善していく。

4 夢の記録を読み返し、課題の解決に使えないかを考える。

- ☞ 夢の記録は、ほとんど常に不完全なものである。課題の答えやヒントが手に入ることもあるが、元の課題とかけ離れていることさえ珍しくない。時には焼いた亀甲獣骨のヒビ割れに未来や神意を読み解くような、強力（強引ともいう）な読解が必要となることもある（→ランダム刺激、48 ページ）。

第11章 待ち受ける

42 DREAM WORKS

それでも課題と夢の記録を突き合わせて、意味が通るように読み解くことで、ヒントやアイデアが生まれることがある。
自分の頭の中から出てきたぶん、ランダムに辞書の言葉を拾うより次の思考や発想につながりやすい。

サンプル

夢がアイデアにつながった例は数多い。学術、芸術、ビジネスの分野でそれぞれ著名な例をあげてみよう。

実例：ケクレのベンゼン環の発見〈学術〉

「夢の中に蛇が出てきて、自分のシッポをくわえて回転を始めた。そこへ球が飛んできて跳ねまわり始めた。最初は大きい球に小さい球が１つずつくっつく。回転を始めた。やがて大きな球は小さい球を複数くっつけ、最も多い球は４つになった。それが回転する蛇と一緒に回り出し、つながって鎖をつくっていく。すると蛇

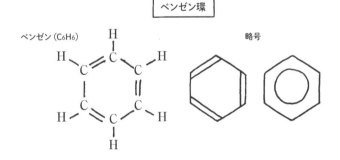

は動くのをやめて消えた」

実例：ボーアの原子模型〈学術〉

「それは燃焼するガスからなる太陽で、その周りを太陽と細い糸で結ばれた惑星が回っていた。突然ガスが凝結し、太陽と惑星の大きさは急激に小さくなった」

実例：メンデレーエフの元素周期表〈学術〉

「私は夢の中で周期表を見た。そこには元素がしかるべき形で並んでいた。私は目が覚めるとすぐにデータを紙に書いて、また眠った」

実例：ラマヌジャンの円周率の級数公式〈学術〉

「夢の中で目の前に赤いスクリーンが現れた。それは流れる血によって形成されているように見えた。すると突然、手が現れ、そのスクリーンに文字を書き始めた。私はその文字に集中して見ていると、それは楕円積分の結果値を並べていることに気がついた。その数字が頭から離れず、目が覚めてから書き留めた」

実例：タルティーニの「無伴奏ヴァイオリン・ソナタ ト短調 悪魔のトリル」〈芸術〉

「1713年のある夜、私は夢の中で魂と引き換えに悪魔と契約した。望むものはすべて叶い、悪魔も私の望みをすべてわかっていた。

私はふと思いつき、悪魔にヴァイオリンを弾いてみるよう手渡してみたところ、それはそれは素晴らしいソナタの演奏を披露し、私は大変驚愕させられた。その演奏は優れた技術と知性に満ち溢れ、この世の物とも思えぬ美しい演奏は私を魅了し、たちまちのうちに私の心を虜にした。

あまりの美しさに息を詰まらせた私はハッと目が覚めると、急

いで飛び起きてヴァイオリンをつかみ、夢で聴いた悪魔のソナタを再現しようと慌ててメロディを奏で始めた。ここで作曲されたソナタは私のいままでのどの作品よりも素晴らしい曲となり、私はこの作品を『悪魔のトリル〈Devil's Trill〉』と名付けることとした」

実例：メアリー・シェリーの小説『フランケンシュタイン』〈芸術〉

「私は、罪深い技術を使う研究者が青白い顔をして、自分が組み立てたものの脇で膝をついているのを見ました。見るも恐ろしい男の怪物が手足を伸ばしていて、不安定だが生きたような動きで力強くエンジンが動いていて、そこに生命があるしるしのようでした。この上なく、たとえようもなく恐ろしい、創造主が生んだ途方もないメカニズムを真似ようとする、人の努力が生み出したものでした」

実例：ポール・マッカートニーの「Yesterday」〈芸術〉

「睡眠中に夢の中でメロディが浮かんだので急いでコードを探してスタジオで完成させた。つくろうと思ってできるメロディじゃないよ。あまりにも自然に浮かんできたものだから、別の誰かの曲のメロディなんじゃないかと思って、みんなに聞かせて回ったけど、誰もこのメロディを知らないみたいだったから、僕のオリジナル曲だと認識した」

実例：エリアス・ハウのミシンの改良（先端に穴のある針）〈ビジネス〉

「蛮族に捕まって、柱に縛りつけられた。そこへ槍を持った戦士たちがやってきて、取り囲んでくる。自分を処刑するためだ。その戦士たちの持つ槍には、丸い穴が空いていた」

1962年頃のリバプール出身のイギリスのロック・グループ「ビートルズ」の4人。左からジョージ・ハリスン、ジョン・レノン、ポール・マッカートニー、リンゴ・スター。ポール・マッカトニーが「Yesterday」を作曲するのはこの4年ほど後。
ⓒ Capital Pictures/amanaimages

42 DREAM WORKS

第11章 待ち受ける

実例：ラリー・ペイジの検索エンジン google〈ビジネス〉

「23歳のとき、1つの夢を見ました。私は飛び起きて考えたのです。すべてのウェブをダウンロードして、そのリンクを保存する……私はペンをつかみ、書き始めました。真夜中に細かい部分まで一気に書き、うまくいくことを確信しました。……そのときには、サーチエンジンをつくることは思いつきませんでしたが、ずっと後になって、私たちは真に優れたサーチエンジンをつくるためにウェブページをランキングする、より良い方法を考えつき、グーグルが誕生したのです」

レビュー

※ 夢の歴史と人の歴史

夢見とその活用は、ヒトの歴史ほど古く、また世界中に分布する。

たとえば、ホメロスの『オデュッセイア』には夢占いが登場し、プルタルコスはアレクサンドロスが遠征に夢解きの神官を帯同したことを伝え、カエサルは自分の夢を同行の夢占い師に解釈させてルビコン川を渡ることを決意した。キケロは「覚醒時の思考や行動の残滓は、睡眠中の心の中で最も活発に動き回る」という考察を残している。2世紀末頃に活躍したアルテミドロスの『夢判断の書』は、古代ギリシア・ローマの夢占いの知見を集大成したものとして知られる。

旧約聖書『創世記』では、ヨセフはエジプトのファラオの夢を解釈して飢饉を予言し、『ダニエル書』ではネブカドネザル王の夢を青年ダニエルが解釈する。新約聖書でもマタイ福音書における受胎告知はヨセフの夢に天使が現れることで告げられる。イスラムの教典『クルアーン（コーラン）』でも、神アッラーは繰り返し予言者の夢や幻想を通じて間接的

に神意を告げている。
　中国でも周公旦がまとめたと信じられた『周礼』「春官」にはすでに占夢の官が登場する。敦煌から出土した夢占いの書『周公解夢全書』が周公に仮託されているのはその由縁かもしれない。
　『古事記』『日本書紀』にも夢告の記事は多く、物語や説話、日記文学にも夢見、夢解きのエピソードは事欠かない。たとえば『宇治拾遺物語』にある夢を売買する話や、『蜻蛉日記』や『更級日記』に記された他者の依頼を受けて夢を見る夢見法師や夢解きを専門とする巫覡や陰陽師の存在がある。また、特筆すべきものでは、19歳から60歳で亡くなるまでの間40年にわたって夢を記録した明恵上人の『夢記』がある。
　『金枝篇』(ジェームズ・フレイザー)や『未開社会の思惟』(レヴィ・ブリュル)は、夢がその文化の中で重要な役割を占めている種族が世界に多くあることを紹介している。
　他にも、キルトン・スチュアートが誇張・添加して伝えたマレー半島のセノイ族の夢の技法は、解釈というより夢の誘導と呼ぶべきものを含んでいる［＊1］。「ドリームキャッチャー」と呼ばれる装飾品(悪夢をからめ捕る網と良い夢を通す中央の穴と夢を人に伝える羽からなる)で知られる北米先住民族のオジブワ族も夢見の技術をもっているという。

＊夢への科学的アプローチ

　夢に関する最初の学問的・体系的な研究ともいわれるフロイトの『夢判断』は、無意識の欲望を加工・検閲したうえで隠喩的なイメージとして表現する夢の働きをTraumWerk（英訳Dream Work）と呼び、夢を神秘的で特異なものに留めおかず、覚醒時を含めた心理作用の中に総合的

［＊1］ K. R. Stewart, "Dream Theory in Malaya," Complex 6 (1951):21-33. スチュアートはこれ以後、セノイ族の夢の技法について、たとえば警察、監獄、精神病院の類を一切必要とせず平和に暮らしてきた理由にそのドリームワークが大きく寄与していることなどを論じていく。生前、さほど注意を引かなかった彼の論文は、1970年代以降、ニューエイジ・ムーブメントと呼応するかのように注目を集めた。後年、ドムホフによって、心理学出身であったスチュアートが精神分析の知識と自身のユートピア的理想をセノイ族に投影したとして批判されている。『夢の秘法──セノイの夢理論とユートピア』(G. ウィリアム・ドムホフ、岩波書店、1991)。

42 DREAM WORKS

に位置づけようとするものだった。

　しかし、その後の精神分析においては、夢の逸話的な報告と解釈が中心となり［＊2］、夢の科学的研究の進展は1957年にREM（Rapid eye movement）睡眠が発見されるのを待たなければならなかった。

　その後、REM睡眠中に被験者を起こすと、高い確率で「夢を見ていた」との報告が得られることがわかり、夢に対する研究手法が開発されるようになった。REM睡眠中の被験者を覚醒させて夢を集めるREM期覚醒夢採集法や、REM睡眠に入ると直ちに覚醒させて夢を見させなくする断夢研究など、実験的アプローチが始まった。

　加えて大脳生理学や神経科学の研究手法の開発と知見の蓄積とともに、脳の活動と夢見の関係について、多くの仮説が立てられていった。

　初期の仮説の1つがホブソンとマカフリーが提案した活性化合成仮説である［＊3］。これは、REM睡眠中に橋（脳幹部）で発生するランダムな入力が大脳皮質と前脳辺縁系を活性化し、それら部位の活動により生み出された情報が合成されて夢が生じるとするもので、いわば夢をランダムな皮質活動の副産物と考えるものである。

　またウィンソンは「夢は記憶の再生と再処理過程で生じる」という仮説を提案した［＊4］。これは、日中に蓄えた記憶の中で重要なものがREM睡眠中に再生・編集され、あらためて長期的な記憶として固定されるというものである。

　また、ウィンソンとは逆にクリックとミチソンは、REM睡眠中の夢は不要な記憶を消去し神経回路を整理するために生じるという説を提唱している［＊5］。

［＊2］精神分析の影響では、他に1920年代にA・ブルトンを中心として起こったシュルレアリスム（超現実主義）がある。この芸術運動はフロイトやユングから大きな影響を受け、夢に覚醒時の現実と同じだけの重要性を与えてモチーフとして取り上げ、また無意識の働きを重視することで自動書記法（オートマティズム）と呼ばれる技法を用いた。

［＊3］Hobson, J. A., & McCarley, R. W. (1977). The brain as a dream state generator: An activation–synthesis hypothesis of the dream process. American Journal of Psychiatry, 134, 1335-1348.

［＊4］Winson, J., & Dahl, D. (1985). Action of norepinephrine in the dentate gyrus. II. Iontophoretic studies. Experimental brain research, 59(3), 497-506.

［＊5］Crick, F., & Mitchison, G. (1983). The function of dream sleep. Nature, 304(5922), 111-114

だが、いずれの仮説にしても、夢の内容とこのような睡眠中の神経活動が対応しているとの実証的なデータはまだ報告されていない。

※ 夢を見ているときの脳の活動は発想法のテクニックに酷似している

夢見の全容は解明されたというには程遠いが、それでも次のことは言えるだろう。

ランダムな入力か、記憶のリプレイか、消去のための整理かはさて置くとしても、夢見において我々の脳は、記憶ネットワークを広範囲に渡って活性化させ、それによって賦活(ふかつ)してきた記憶情報を組み合わせて合成している。それも、意識的な努力なしに、我々が普段意識する範囲よりも広くサルベージしてきて、我々が通常やらないような組み合わせを試してくれる［*6］。

こうしてみると、夢見の際の脳の活動は、発想法や創造性技法が説いてやまないテクニックの核心と驚くほど合致している。

たとえば、我々の先入観を取り除くには有益であるが、その組み合わせの膨大さから、ヒトを怖じ気づかせる作業量を要求する形態分析法（→205ページ）のごときハードワークを、我々は夢を見ながら（努力なしに）行っているとすれば、どうか。

そして課題を抱えたまま眠ったヒトにとって、印象的に思える記憶情報の組み合わせが、隠喩的なイメージとして意識に届くとすればどうか。

これが、夢を毎晩繰り返し見たとしても、必ず新しい要素を含んでいる理由、そして時には問題解決に得難いヒントやアイデアをもたらすことがある理由である。

眠りと夢見はインキュベーション（→ポアンカレのインキュベーション、

［*6］スティックゴールドらは、起床直後に起こる睡眠慣性（覚醒しているが睡眠状態を引きずった状態）を利用した実験を行うことで、REM睡眠中には覚醒時に通常起こる強い意味的関連からなる常識的な連想ネットワークが遮断され、覚醒時には弱い連想関係でしかなかった連想ネットワークだけが活性化することを示した。これにより突拍子のない意外性のある組み合わせが得られる可能性を示唆している。Stickgold, R., Scott, L., Rittenhouse, C., & Hobson, J.A. (1999). Sleep-induced changes in associative memory. Journal of Cognitive Neuroscience, 11, 182-193

296ページ）の1つの方法と見なせる。問題と従来の解法についての固着を剥がし、ランダムな刺激を含む意味ネットワークの拡散活性化を使うことなどがインキュベーションの構成要素だが、夢見はそのすべてを含んでいる。つまりポアンカレがやったのと同じアプローチが使える可能性が高い。

　ここで技法化したものが、ほぼポアンカレのインキュベーションと同じものであるのは、そうした理由である。

夢を読み解くことでアイデアが生まれることがある

アイデア史年表

年	出来事	関連項目・補足
紀元前2100年頃	亀甲のひび割れによって神意をうかがう亀卜が行われる（中国・竜山文化）。	ランダム刺激（→48ページ）
紀元前800年頃	ホメロス『イリアス』『オデュッセイア』成立。知将オデュッセウスの活躍を含む。『イリアス』『オデュッセイア』は古代ギリシア人が知るべき教養となり、オデュッセウスは以後も西洋で啓蒙や理性の奸智の代名詞となった。	ランダム刺激（→48ページ）、夢見（→304ページ）
紀元前594年	ソロンの改革。ソロンは古代アテナイ民主政の基礎を築いた立法者であり政治家であり、ギリシャ七賢人のひとり。ヘロドトスはこのソロンについて〈知を愛する〉を意味するフィロソフェイン（philosophein）という言葉を使った。これが後に哲学という意味を持つ言葉の初出である。イソクラテスはプラトンたちの厳密な知（エピステーメー）とは違う、実践知としてのフィロソフェインの典型としてソロンを取り上げた。	〈発想法の起源〉
紀元前470年頃	古代ギリシアで「アナロギア」（類推）と「ミメーシス」（模倣）と「パロディア」（諧謔）の3技法が確立。	〈発想法の起源〉
紀元前450年頃	プロタゴラス、はじめてソフィストを名乗る。プロタゴラスは「人間は万物の尺度である」と唱え、弁論の術を教え、巨額の報酬を得た。	〈発想法の起源〉
紀元前430年頃	ソクラテス、活動（以後30年間）	ヴァーチャル賢人会議（→156ページ）、弁証法的発想法（→217ページ）
紀元前427年頃	ソフォクレス『オイディプス王』上演。ソフォクレスはギリシア悲劇を完成させた劇作家。『オイディプス王』はギリシア悲劇の最高傑作と知られ、有名なスフィンクスの謎掛け（一つの声をもち、四足、二足、三足になるものはなにか）を含む。オイディプスはこれを解き、スフィンクスを退治する。	〈発想法の起源〉

年	出来事	関連項目・補足
紀元前399年	ソクラテス処刑	ヴァーチャル賢人会議（→156ページ）、弁証法的発想法（→217ページ）
紀元前395年	プラトン『ソクラテスの弁明』を著す。	ヴァーチャル賢人会議（→156ページ）
紀元前392年	イソクラテス、最初の弁論術の学校を開く。以後、ギリシアからローマにかけて同種の修辞学学校が続く。イソクラテスは、プラトンが目指す厳密知（エピステーメー）に対し、実践知（ドクサ）こそ全人的教育に必要と提唱する。常に妥当する厳密知は、人の世の実際問題では見いだせないことが多く、また手に入れられたとしても好機（カイロス）に間に合わない故。こうして厳密知に対する実践知の流れが弁論術として後世に引き継がれることとなった。	ヴァーチャル賢人会議（→156ページ）、〈発想法の起源としての弁論術〉
紀元前387年	プラトンがアカデメイアを開設。	ヴァーチャル賢人会議（→156ページ）
紀元前335年	アリストテレス、アテネでリュケイオンに学園を開く。古来『アリストテレス著作集』として伝えられるものの大部分はこの学園で教授する際に用いた講義のノートである。発想法に関連するものとしては、〈オルガノン〉（「道具」の意）と総称される論理学的著作、中でも『トピカ（論拠集）』と、実践学関連のうち『弁論術』が重要であり、後世に与えた影響も大きい。また『形而上学』は、「すべての人間は、生まれつき、知ることを欲する」という定義からはじまる。	〈発想法の起源〉、なぜなぜ分析（→102ページ）、ケプナー・トリゴーの問題分析（→121ページ）、〈発想法の起源としての弁論術〉
紀元前289年頃	孟子、死去。私淑という方法を確立。孔子の教えが儒教へ展開する道を開く。	ルビッチならどうする？（→142ページ）
紀元前100年頃	書物の形が巻物（ロール）から綴じた本（コデックス）に変化。書物にランダムアクセスすることが可能となり、開典占いの前提ができる。	ランダム刺激（→48ページ）
紀元前55年	キケロ『弁論家について』を著す。キケロの修辞論は、アリストテレスの『弁論術』、クインティリアヌスの『弁論家の教育』と並んで、中世・近世を通じての修辞学	〈発想法の起源としての弁論術〉

アイデア史年表

年	出来事	関連項目・補足
	に大きな影響力を持ち続けた。	
紀元前35年頃	ユダヤのファリサイ派の中からヒレル派とシャンマイ派、激しく論争する。ラビ・ヒレルに由来するヒレル派は律法の形骸化を批判するとともに「神への愛」と「隣人愛」を解き、律法の柔軟な解釈を展開したが、ラビ・シャンマイに由来するシャンマイ派は伝統に忠実で律法の厳格な適用を主張した。この論争が多くの推論法（たとえばヒレルの7規則）や論点を生み、また神意を明らかにするため論争を推奨するラビ・ユダヤ教の伝統につながり、タルムードの弁証法の始源となった。	タルムードの弁証法（→285ページ）
93年	クインティリアヌス『弁論家の教育』を著す、ギリシア・ローマ弁論術の集大成。	〈発想法の起源としての弁論術〉
200年頃	アルテミドロス『夢判断の書』刊行。	夢見（→304ページ）
390年頃	パレスチナ・タルムードが編集される。	タルムードの弁証法（→285ページ）
500年頃	バグダッド・タルムード完成。	タルムードの弁証法（→285ページ）
500年頃	カッシオドルス、文法、修辞学、弁証法の三学〈trivium〉、および算術、幾何、天文学、音楽の四科〈quadrivium〉からなる自由七科を公式に定める。カッシオドルスは東ゴート王テオドリックの秘書官。自由七科は、キリスト教の理念に基づき教育内容を整えるために、従来のギリシア・ローマの学問を七つの教科として集大成したもの。	〈発想法の起源としての弁論術〉
600年頃	イシドルス、図書館分類についての詩をつくる。イシドルスはセビリアの大司教。その著作『語源』はキリスト教世界で初の百科事典であり、中世を通じて最も人気の高い書物だった（アラビア人が古代ギリシア哲学に触れる以前にアリストテレスを紹介している点も特筆に値する）。このため現在ではインターネット利用者およびプログラマーの守護聖人として知られる。	〈発想法の起源としての汎知学〉

年	出来事	関連項目・補足
837年	李商隠、進士に及第。李商隠は、処世のために派閥間を渡り歩いたため批判を受け官僚としては一生不遇で終わるが、詩人としては杜甫の後継者と評され、晩唐期の繊細かつ唯美的な傾向を代表する。作中に豊富な典故を引き、その詩作の際に多くの参考書を周囲に並べるように置いたことに、〈獺祭〉の語は由来する。	赤毛の猟犬（→292ページ）
892年	菅原道真『類聚国史』編纂。日本におけるカード型の嚆矢。道真は、六国史（日本書紀など国家編纂でつくられた史書）の記事を、1項目ごとにカード（「短策」）に抜き書きしていき、同種の事項を束ねた上で時間順に並べ、それらをさらに上位分類に配して、『類聚国史』を編んだ。	〈日本における発想法のルーツ〉
1041年頃	沈括『夢渓筆談』を著す。医薬・動植物（約80条）、天文暦法（約40）、数学（約10）、地質鉱物（17）、地理学（15）、物理・化学（10）、工学建築（約30）の記事を含む随筆で、中国科学技術史上注目すべき内容と価値をもつ。世界初の活字印刷の記述を含む。	オズボーン・チェックリスト（→163ページ）
1191年	明恵上人、これ以後60歳で亡くなる前年（1231年）まで夢の記録を付け続ける（『夢記』）。	夢見（→304ページ）
1274年	ルルス『大いなる術（アルス・マグナ）』を著す。	〈発想法の起源としての汎知学〉
1341年	ペトラルカ、桂冠詩人になる。	ヴァーチャル賢人会議（→156ページ）
1390年	ペルシアの詩人ハーフィズ死去。ハーフィズの名は「コーランの暗記者」を意味する。ペルシア文学史上、叙情詩の最高詩人と評され、「神秘の翻訳者」「不可思議な舌」の異名でも知られる。中世以来、彼の詩集はランダムに開いたページで占う「ハーフィズ占い」としても用いられ、今日に至るまでペルシア語文化圏でもっとも広く愛誦されている。	ランダム刺激（→48ページ）
1439年	人文学者ロレンツォ・ヴァッラ、古典語と文献学的知識を用いて「コンスタンティヌスの寄進状」が偽書であることを示す。この寄進状は、ローマ皇帝コンスタンティヌ	〈発想法の起源としての人文学〉

年	出来事	関連項目・補足
	スが、教皇に自分と等しい権力を与え全西方世界を委ね、自分はコンスタンティノープルに隠退する、としたもので、8世紀当時ローマ教会が東ローマ帝国からの独立性を主張するために偽造されたもの。ヴァッラは若年でキケロ、クインティリアヌス論を書いて古典学の才を現した典型的な人文学者で、他にもヴルガータ聖書の誤訳を指摘するなど、のちのエラスムスらに影響を与えた。	
1445年頃	グーテンベルク、活字鋳造・活版印刷術を発明。	オズボーン・チェックリスト（→163ページ）
1479年	人文学者 R. アグリコラ『弁証法的発想法』を著す（初版1515年）。	弁証法的発想法（→217ページ）
1548年	イグナティウス・デ・ロヨラ『霊操』を著す。ロヨラはイエズス会創始者のひとり。『霊操』はイエズス会の霊性修業法を記したもので（体を鍛える体操に対し、霊魂を鍛えるので霊操という）、キリストの受難と復活を追体験するイメージ瞑想を中核とするもの。	〈発想法の起源〉
1560年	ジャンバッティスタ・デッラ・ポルタ、世界初の科学アカデミー「Ostiosi」（怠け者たちの会〈Academia Secretorum Naturae〉、自然の秘密アカデミーとも）を始める。	
1580年	モンテーニュ『エセー』刊行。「われわれは、賢明になるためには、まず馬鹿にならなければならない。己れを導くためには、まず盲目にならなければならない」の一節は、発想法を導く金言である。	ヴァーチャル賢人会議（→156ページ）〈発想法の起源〉
1589年	デッラ・ポルタ『自然魔術』を著す。ポルタ自身が宗教裁判所に目をつけられていたこともあり、神秘的・思弁的な関心は後退し、実利・技術的な側面が前面に出て、錬金術・光学・磁気・薬物の効能など、実際的な知識や技術を集めた百科全書的の書物となっている。言わば自然魔術の脱神秘化・大衆化となっており、これが都市市民の実生活におけるニーズと合致し、広く読まれた。	〈発想法の起源としての汎知学〉
1605年	フランシス・ベーコン『学問の進歩』を著す。記憶・想像・理性という人間の精神能力の区分に応じて学問を歴史・	〈発想法の起源としての汎知学〉

年	出来事	関連項目・補足
	詩学・哲学に分け、さらに哲学を神学と自然哲学に分類、当時の学問を概観すると同時に、あるべき学問についても示した。自然哲学について帰納法、科学方法論を提唱するとともに、技術史や機械学などその後に発展した学問を提唱、また情報伝達の技術についても1巻を割く。	
1640年	イギリスで初の駅馬車路線できる。道路整備と宿泊所の整備を含むもの。	モールスのライバル学習（→211ページ）
1658年	コメニウス、史上最初の絵入り語学教科書として知られる『世界図絵』刊行。	〈発想法の起源としての汎知学〉
1660年	現存する最も古い科学学会ロイヤル・ソサイエティがイギリスで設立。そのモットーは Nullius in verba（ラテン語で「言葉によらず」）、その一環として〈自然に関する知識をレトリックという色、空想という策略、神話という非常に楽しい偽りから分離〉することに努めた。	
1665年	ニュートン、ペストを避け、この年から翌年にかけて2度、故郷のウールスソープへと戻る。「流率法」（微分積分学）や、プリズムの実験、万有引力の着想などに没頭する。この時期は後世「驚異の諸年」「創造的休暇」とも呼ばれた。	ランダム刺激（→48ページ）
1666年	ライプニッツ『結合法論〈デ・アルテ・コンビナトリア〉』を著す。「思想のアルファベット法」たることを目指したもの。組み合わせによって「正しいすべての命題を生成し、かつ正しいものしか生成しない」ために、伝統的な弁論術に含まれる〈発見術（発想術）〉に命題の妥当性を見極める〈判断術〉の両方を含んだものとなる。	〈発想法の起源としての汎知学〉
1675年	ベルナール・ラミ『弁論術あるいは演説の技術〈La Rhétorique ou l'art de parler〉』刊行。	キプリング・メソッド（→109ページ）
1713年	タルティーニ、夢の中で悪魔と取引し、「悪魔のトリル」を得る。	夢見（→304ページ）
1725年	ヴィーコ、『新しい学』刊行。デカルトの数学的主知主義に対して、不確実な人生の現実に実効のあるものとしてレトリックの復権を企てた。デカルトのクリティカに対して、トピカの優位を唱え、異なる事象、概念、観念の間に	〈発想法の起源としての弁論術〉

年	出来事	関連項目・補足
	類似の要素を発見する能力を ingenium（英語の engine の語源でもある）と呼び、思考能力の第一に置いた。	
1749年	ビュフォン『博物誌』刊行開始（〜1804年）。	オズボーン・チェックリスト（→163ページ）
1751年	ディドロら『百科全書』の刊行開始。	〈発想法の起源としての汎知学〉
1754年	ウォルポール「セレンディピティ」という語を造語。	セレンディピティ・カード（→64ページ）
1762年	平賀源内、物産会「東都薬品会」を江戸の湯島にて開催。江戸において著名となり、杉田玄白や中川淳庵らと交友する。	源内の呪術的コピーライティング（→263ページ）
1772年	ヘルダー『言語起源論』を著す。ヘルダーはカントの強い影響を受けながら、厳密な学としての近代科学を真理認識のモデルとみるカントと袂を分かち、詩や文学への関心から『言語起源論』を経て、歴史哲学へと向かい、カントと論争する。	〈発想法の先駆としての人文学〉
1775年	ラファーター『観相学断片』刊行（〜1778年）。四性論と動物との類推（アナロギー）の方法を駆使して人間の顔貌の諸特徴と人格との関係を詳細に解釈。バルザックは人物描写に当たってラファーターの説を参考するなど、多くの詩人・作家に影響を与えた。	〈発想法の起源〉
1790年	カント『判断力批判』を著す。カントの3批判書の最後。美的判断と崇高・合目的性を論じる中、「発見的」（Heuristisch）原理についても論じる。	〈発想法の起源〉
1798年	シュレーゲル、雑誌『アテネーウム』（1798年–1800年）に断章形式のエッセイや箴言を発表。無限者の表現の体系としての「百科全書学」を成立させる「類比」能力を「機知（Witz）」と呼んだノヴァーリスに倣い、「普段はまさに無関係で、互いに異なっていて、ばらばらにされている対象の間に類似性を求める能力」「非常に多様なものや 非常に異なるものを統一的に結びつける能力」としての機知を結合精神（der kombinatorische Geist）	〈発想法の起源としての汎知学〉

年	出来事	関連項目・補足
	と呼び、学問にとりわけ哲学に豊かさと充実を与えるものとして高く評価する。	
1806年	ヘーゲル『精神現象学』完成。	弁証法的発想法（→217ページ）
1808年	フーリエ『四運動の理論』を著す。結合法としての社会理論ともいえるその思想は、その後忘れられたが、20世紀となりフランスのシュルレアリスム系の文学者らによって再発見・再評価された。	〈発想法の起源〉
1808年	ガル『脳の生理学講義序説』で骨相学を提唱。	
1812年	イギリスに世界初の広告代理店であるレイネル・アンド・サン社創立。	
1814年	根岸鎮衛『耳袋』完成。同僚や古老から聞き取った珍談、奇談の類を集めたもの。著者は南町奉行も務めた（名奉行として知られた）幕臣。	対角線の科学（→269ページ）
1816年	スイスのレマン湖畔に詩人バイロン卿が借りていた別荘で5人の男女が集まり、それぞれが創作した怪奇譚を披露（ディオダティ荘の怪談義）。メアリ・ゴドウィン（後のメアリ・シェリー）はこの時見た夢から『フランケンシュタイン』を創作する。またバイロンの主治医ポリドーリもここでの怪奇譚をもとに『吸血鬼』を書き、バイロン作として発表した。	夢見（→304ページ）
1817年	ゲーテ、リンネの分類学を批判し、「形態学」を提唱。	形態分析法（→205ページ）
1818年	M. I. ブルネル、トンネル掘削のシールド工法を考案。木造船に穴をあけて住むフナクイムシから着想したもの。	バイオニクス法（→232ページ）
1827年	ジュール・ミシュレ、忘れられた思想家としてヴィーコを発掘、ドイツ語に抄訳。	〈発想法の起源としての弁論術〉
1831年	ダーウィン、ビーグル号航海に出発（〜1836年）。	ランダム刺激（→48ページ）
1836年	サミュエル・モールス、電信機を発明。	モールスのライバル学習（→211ページ）

年	出来事	関連項目・補足
1841年	フォイエルバッハ『キリスト教の本質』を著す。	オズボーン・チェックリスト（→163ページ）
1846年	エドガー・アラン・ポー、自作の詩の創作過程を分析した『構成の哲学』を著す。創造の本質は構成（Composition）であると論じる。	〈発想法についての文学者の貢献〉
1846年	エリアス・ハウ、二重縫い（ミシン縫い）設計のミシンの特許を取得。	夢見（→304ページ）
1852年	イギリスの医師ペーター・マーク・ロジェ、語彙を意味によって体系的に分類し、配列した初のシソーラス『ロジェのシソーラス』を刊行。	シソーラス・パラフレーズ（→279ページ）
1859年	ダーウィン『種の起源』を著す。	ランダム刺激（→48ページ）
1861年	ケクレ、ベルギーのヘントで教科書を執筆中、ストーブの前でうたた寝をしたときに、蛇が自身の尻尾に噛み付きながら回っている夢を見て、ベンゼンの環状構造を思いつく（他に1854年にロンドン滞在中に馬車の中で見た夢で思いついたとも）。	夢見（→304ページ）
1864年	エジソン、17歳の時、最初の発明「電信自動返信装置」を行う。	エジソン・ノート（→36ページ）
1868年	ショールズ、タイプライターの特許取得。	オズボーン・チェックリスト（→163ページ）
1869年	ゴルトン、天才についての研究を発表し、遺伝的根拠を提示。ゴルトンはイギリスの遺伝学者で、優生学の創始者。	〈創造性研究の画期〉
1869年	ロートレアモン伯爵『マルドロールの歌』。シュルレアリスムの導きとなった一節「そしてなによりも、ミシンとコウモリ傘との、解剖台のうえでの偶然の出会いのように、彼は美しい！」を含む。	デペイズマン（→181ページ）
1869年	メンデレーエフ、ロシア化学学会で元素の周期性について発表。	夢見（→304ページ）

年	出来事	関連項目・補足
1874年	ゴルトン、イギリスの傑出した科学者について最初の精神測定法的調査。	〈創造性研究の画期〉
1876年	グラハム・ベル、電話機の発明。	ゴードンの4つの類比(→238ページ)
1878年	チャールズ・パース、「Popular Science Monthly」誌に、小論「Deduction, Induction, and Hypothesis」を投稿。アブダクションについての最初の言及。ここでいう「Hypothesis」がアブダクション。	〈創造性研究の先駆〉
1878年	エジソン、白熱電球の開発に取り組む。	エジソン・ノート(→36ページ)
1884年	ウィリアム・ジェームズ、情動とは原因的場面の知覚にすぐ続いて起こる内臓と筋肉の変化を体験することであると主張。翌年、これとまったく独立にデンマークの生理学者ランゲも、脈管における変化を体験するのが情動であるとした(情動のジェームズ＝ランゲ説)。	オズボーン・チェックリスト(→163ページ)
1890年	タルド『模倣の法則』を著す。模倣(類似)を社会の基礎に見る類似論であると同時に、発明を偶然性の発現とし、また、進歩・発展の基点として重視した創造性の研究でもある。	〈創造性研究の先駆〉
1890年	ジェームズ・フレイザー『金枝篇』初版。以後、1936年まで改訂を重ねる。原始宗教や儀礼・神話・習慣などを比較研究した大著であり、フレーザーはこの中で呪術を類感呪術(homoeopathic magic)と感染呪術(contagious magic)に大別している。	源内の呪術的コピーライティング(→263ページ)、夢見(→304ページ)
1900年	フロイト『夢判断』を著す。夢の科学的研究の嚆矢。	夢見(→304ページ)
1900年	アメリカのオーチス社、パリの万国博覧会にエスカレーターを出品。	オズボーン・チェックリスト(→163ページ)
1902年	キプリング『なぜなぜ物語』を著す。5W1Hの召使の詩を含む『象のはなはなぜ長い』を収録。	なぜなぜ分析(→102ページ)
1906年	ディルタイ『体験と詩作』刊行。芸術的想像力の根底に体験概念を位置づける。この書は当時のベストセラー	〈発想法の先駆としての人文学〉

アイデア史年表

年	出来事	関連項目・補足
	となり、中心概念の「体験」は流行語にもなった。フォーカシングのジェンドリンはディルタイ研究から学問のキャリアをスタートさせた。	
1907年	ベルクソン『創造的進化』を著す。創造性の問題をその成果物ではなくプロセスに着目してとりあげた最初の試み。	〈創造性研究の先駆〉
1911年	日本電球の技術者・八木亭二郎、魔法瓶を開発。	オズボーン・チェックリスト(→163ページ)
1912年頃	ピカソのキュビスムの立体作品がアッサンブラージュのはじまりとみなされる。アッサンブラージュとは「立体的なもの」を寄せ集め、組み合わせた美術作品(立体作品)およびその技法。	デペイズマン(→181ページ)
1912年	ポアンカレ、パリの心理学学会で数学の創造について講演、自身のフックス関数発見の体験を述べる。	ポアンカレのインキュベーション(→296ページ)
1913年	ニールス・ボーア「原子および分子の構成について」の第1論文で、新たな原子模型を提示(ボーアの原子模型)。	夢見(→304ページ)
1914年	シュリニヴァーサ・ラマヌジャン、後にモジュラー関数と呼ばれる考えを元に、$1/\pi$と$4/\pi$を求める公式を発見。これは収束が非常に早いものとして知られている。	夢見(→304ページ)
1915年	マルセル・デュシャン、自らの大量生産された既製品を用いた一連のオブジェ作品を「レディメイド」と名付ける。	デペイズマン(→181ページ)
1919年	マックス・エルンスト、コラージュを技法として提唱・実践。既成の版画やカタログから切り取ったものを画面に貼り込み、主観的構成の意図を持たない「意想外の組み合わせ」をもたらすもの。	デペイズマン(→181ページ)
1921年	ターマン、天才児(gifted children)の大規模な調査を行う(ターマンは、ビネーの知能テストを英訳し、スタンフォード=ビネー改訂知能検査を開発した心理学者。IQ(知能指数)という言葉を導入し、その実用化を行った)。	〈創造性研究の画期〉

年	出来事	関連項目・補足
1922年	フレミング、誤って培養皿に落とした唾液から抗菌性物質のリゾチームを発見。	セレンディピティ・カード(→64ページ)
1924年	ブルトン『シュルレアリスム宣言(第一宣言)』を著す。	デペイズマン(→181ページ)
1925年	木下謙次郎『美味求真』を著す。美食随筆の嚆矢であり、〈平賀源内の土用の丑〉説の出典。	源内の呪術的コピーライティング(→263ページ)
1926年	ウォーラス『思考の技術 The Art of Thought』で、ポアンカレの報告から抽出した創造性の4段階モデル(準備、インキュベーション、ひらめき、検証)を提唱。	〈創造性研究の基本書〉
1928年	ディズニー『飛行機クレージー』を製作(ミッキー・マウス初登場)。	ディズニーの3つの部屋(→148ページ)
1928年	フレミング、ブドウ球菌の培養皿に偶然落ちたカビが、その周囲だけ菌の発育を押えているのを発見。初の抗生物質(ペニシリン)の発見となる。	セレンディピティ・カード(→64ページ)
1930年	C.K. オグデン、ベーシック・イングリッシュ創案。わずか850語で日常的な事は何でも表現できる英語体系。	関係アルゴリズム(→174ページ)
1931年	ロバート・クリフォード、初の創造的思考コース(属性列挙法を基づく)をネブラスカ大学で開始。	属性列挙法(→199ページ)
1933年	モーガン「The emergence of novelty」。モーガンの公準で知られる動物学者。本能行動を生理反応の組み合わせから創発性で説明し神秘的力や擬人的解釈を排除したが、これを応用して創造的活動の新奇性を創発性で説明した嚆矢。	〈創造性研究の画期〉
1934年	サルバドール・ダリ「記憶の固執」がニューヨーク近代美術館で展示。	デペイズマン(→181ページ)
1935年	ゲシュタルト心理学者ドゥンカー、「ろうそく問題」の実験で創造的問題解決を阻害する固着(機能的固定)を実験的に示す。	ポアンカレのインキュベーション(→296ページ)
1935年	米国のデュポン社、人工繊維ナイロンを開発。	バイオニクス法(→232ページ)

年	出来事	関連項目・補足
1936年	サルバドール・ダリ「引き出しのついたミロのヴィーナス」を発表。	デペイズマン（→181ページ）
1937年	初の企業向け創造性トレーニングが General Electric 社で開始。	〈発想法のビジネスへの展開〉
1937年	ロジェ・カイヨワ「カマキリについての研究」で昆虫の生態と人間の神話を対照。	カイヨワの〈対角線の科学〉（→269ページ）
1938年	バシュラール『科学的精神の形成』を著す。	〈創造性研究の基本書〉
1939年	オズボーン、広告会社 BBDO で初のブレインストーミングのセッションを行う。	オズボーン・チェックリスト（→163ページ）
1940年	ジェームス.W. ヤング『アイデアのつくり方』刊行。途中改訂はしたものの、数十年間売れ続けている知的発想法のロングセラー。	ポアンカレのインキュベーション（→296ページ）
1942年	フリッツ・ツビッキー、モホロジー（morphology）、形態学を参考に形態分析法を考案。	形態分析法（→205ページ）
1942年	バシュラール『水と夢——物質の想像力についての試論』で物質的想像力について論じる。	〈創造性研究の基本書〉
1944年	市川亀久彌『独創的研究の方法論』を著す。日本初の創造性の研究書。市川は 日本における創造性理論の草分け的存在。	等価変換法（→248ページ）
1945年	ロバート・マートン、科学的発見に予想外の偶然が果たす役割を述べるのに「セレンディピティ」という用語を使用。	セレンディピティ・カード（→64ページ）
1945年	アダマール『数学における発明の心理』を著す。	ポアンカレのインキュベーション（→296ページ）
1945年	ウェルトハイマー『生産的思考』刊行。ウェルトハイマーはゲシュタルト心理学の創始者で仮想運動の知覚実験で有名。没後、出版された『生産的思考』は、ゲシュタル	〈創造性研究の基本書〉

年	出来事	関連項目・補足
	ト理論を思考過程へ適用し、創造性の心理学研究に進んだもの。	
1947年	米国ゼネラル・エレクトリック社のL.D.マイルズ、バリューエンジニアリングを開発。	属性列挙法（→199ページ）
1948年	ブレインストーミングを紹介したオズボーン著作『Your Creative Power』が出版、ベストセラーに。	オズボーン・チェックリスト（→163ページ）
1948年	ノーバート・ウィーナー『サイバネティクス』刊行。ウィーナーはこの書で、通信工学と制御工学を融合し、生理学、機械工学、システム工学を統一的に扱うことを意図して作られた学問領域としてサイバネティクスを提唱した。	バイオニクス法（→232ページ）
1948年	ジョルジュ・デ・メストラル、面ファスナー（ベルクロ）を発明。トゲで衣服につく植物の実からヒントを得る。	エクスカーション（→58ページ）、バイオニクス法（→232ページ）
1949年	ノーマン・ウッドランド、映画のサウンドトラックとモールス信号から得たアイデアを組み合わせてバーコードを発明。	オズボーン・チェックリスト（→163ページ）
1950年	ギルフォード、アメリカ心理学会の会長就任講演で創造性研究の不足と必要性を提唱、大きな影響を与える（ギルフォードは戦時中に臨機応変に対応する能力の研究から、創造性を知能とは別の能力と考えるようになり、認知能力を多面的に測定する方法を開発した）。	ケプナー・トリゴーの状況把握（→77ページ）
1950年	ルネ・マグリット「光の帝国」発表。	デペイズマン（→181ページ）
1951年	神経生理学者オットー・シュミット、生体模倣技術としてバイオミメティクスを提唱。シュミット自身、神経の情報伝達を模倣しシュミット・トリガーという電気回路を考案している。	バイオニクス法（→232ページ）
1951年	キルトン・スチュアート『マラヤの夢理論』発表。	夢見（→304ページ）
1952年	ギースリン『三十八人の天才たち：その創造過程』刊行。著名な作家、芸術家、作曲家、科学者自身による創造過程の報告を集めたアンソロジー。	〈創造性の事例研究〉

年	出来事	関連項目・補足
1952年	ルネ・マグリット「旅の思い出」「身の回り品」発表。	デペイズマン（→181ページ）
1953年	アセリンスキーとクレイトマン、REM睡眠の存在を明らかにする。	夢見（→304ページ）
1955年	市川亀久彌、等価変換理論を提唱。	等価変換法（→248ページ）
1956年	ローマン・ヤーコブソン、論文『言語の二つの面と失語症の二つのタイプ』発表。失語症の2つのタイプから、「類似性（メタファー）」と「近接性（メトニミー）」が言語の主軸にあることを示唆。	源内の呪術的コピーライティング（→263ページ）
1957年	スプートニク・ショック。アメリカ国立科学財団（National Science Foundation, NSF）への予算が増加。創造性研究の追い風にもなる。	〈創造性研究の画期〉
1957年	ポリヤ『いかにして問題を解くか』刊行。	バグリスト（→16ページ）
1958年	社会心理学者のケプナーと社会学者のトリゴー、ケプナー・トリゴー法の研修とコンサルティングを行うKT社を設立。	ケプナー・トリゴーの状況把握（→77ページ）、ケプナー・トリゴーの問題分析（→121ページ）
1960年	第1回バイオニクス・シンポジウム、アメリカのオハイオ州デイトンで開催。	バイオニクス法（→232ページ）
1961年	ゴードン『シネクティクス：創造工学への道』刊行。	ゴードンの4つの類比（→238ページ）
1961年	マイロン・アレン、モーフォライザーを考案。ツビッキーの形態分析法を変更し、要素を書き出した紙を上下に動かしながら組合せを変えていく方法。	形態分析法（→205ページ）
1962年	社会学者エヴェリット・ロジャース『イノベーション普及学〈Diffusion of Inovation〉』でイノベーション理論を提唱（タルドの〈模倣の法則〉を発展させたもの）。	
1963年	フィリップ・K・ディック『高い城の男』でヒューゴー賞を受賞。	P.K.ディックの質問（→96ページ）フォーカシング（→22ページ）

年	出来事	関連項目・補足
1964年	ジェンドリン、成功するクライエントの中で起こっている現象を記述して「フォーカシングの4つの位相」と名づける。	フォーカシング(→22ページ)
1964年	エリック・バーン『人生ゲーム入門』刊行、交流分析。	ディズニーの3つの部屋(→148ページ)
1964年	マクルーハン『人間拡張の原理――メディアの理解』刊行。	オズボーン・チェックリスト(→163ページ)
1964年	ケストラー『創造活動の理論』。新しいアイデアは2つの全く異なる領域(マトリックス)の間に関連や類似を見つけることによると指摘。	〈創造性研究の基本書〉
1965年	ビートルズの5枚目のアルバム「4人はアイドル」発表(「Yesterday」を含む)。	夢見(→304ページ)
1966年	デ・キリコ「谷間の家具」を発表。	デペイズマン(→181ページ)
1967年	川喜田二郎『発想法』刊行、KJ法を含む。	〈日本産の最も著名な発想技法〉
1967年	留学生が触媒の濃度を1000倍にするという失敗が元となり、白川英樹ら薄膜状のポリアセチレンを得ることに成功。	セレンディピティ・カード(→64ページ)
1969年	情報理論学者・理論物理学者の渡辺慧「みにくいアヒルの子の定理」を証明。	等価変換法(→248ページ)
1970年	三浦公亮、ミウラ折りを考案。ワンタッチで開閉でき、折り目が重ならないため耐久性が高い折り方で、人工衛星に乗せる太陽電池パネルやアンテナに使われる。	バイオニクス法(→232ページ)
1971年	ヴィクター・パパネック『生きのびるためのデザイン』刊行。パパネックは、フランク・ロイド・ライトに学び、バックミンスター・フラーから大きな影響を受けたデザイナー、デザイン教育者。	バイオニクス法(→232ページ)
1972年	オランダのフィリップス社、光ディスク発表。	オズボーン・チェックリスト(→163ページ)

年	出来事	関連項目・補足
1974年頃	中山正和、NM法を体系化する。	NM法T型（→253ページ）
1976年	ゲッツェルスとチクセントミハイ『The creative vision』刊行。後にフロー体験で有名になるミハイ・チクセントミハイの学位論文を元にしたもので、チクセントミハイはこの中で、これ以降、創造性研究で創造性を測るのに広く使われる Consensual Assessment Technique (CAT) を初めて用いた。それまで発想法や創造性の研究で実験的手法があまり使えなかったのは、産出されるアイデアの創造性を測るうまい方法がなかったためだったが、CATはこの問題に解決を与えるものだった。CATは、算出されたアイデアについて、二人以上の専門家に評価してもらい評価を平均するものだが、チクセントミハイはアートスクールの学生相手の実験でこれを用い、さらに卒業後の業績を追跡することで、CATの実用性を確認した。	〈発想法・創造性研究に実験アプローチを適用可能にした画期〉 ケプナー・トリゴーの状況把握（→77ページ）
1978年	大野耐一『トヨタ生産方式』刊行。	なぜなぜ分析（→102ページ）
1979年	ローゼンバーグ『The emerging goddess: The creative process in art, science, and other fields』刊行。創造的思考にはヤヌス思考と同空間思考が重要と指摘。	〈創造性研究の基本書〉
1980年	任天堂が携帯型液晶ゲーム機ゲーム＆ウオッチを発売。	オズボーン・チェックリスト（→163ページ）
1980年	ジョージ・レイコフ、マーク・ジョンソン『レトリックと人生』刊行。	関係アルゴリズム（→174ページ）
1985年	田中耕一、たんぱく質などの質量分析を行う「ソフトレーザー脱着法」を開発。	セレンディピティ・カード（→64ページ）
1987年	イザクセン『Frontiers of creativity research: Beyond the basics』刊行。1950～60年代に活躍した創造性研究のパイオニアたちの論文をあつめた論文集。	〈創造性研究の基本書〉
1987年	帝人、蓮の葉構造の撥水透湿性を有する高密度織物マイクロフトレクタスを開発。	バイオニクス法（→232ページ）

年	出来事	関連項目・補足
1990年	エリヤフ・ゴールドラット『What is This Thing Called Theory of Constraints and How Should it be Implemented ?』でTOC（制約条件の理論）の思考プロセスを提示。	対立解消図（蒸発する雲）（→224ページ）
1991年	ボーデン『The creative mind: Myths and mechanisms』刊行。創造性を持った人工知能（artificial creators）をつくる計算論的アプローチの嚆矢。	〈創造性研究の基本書〉
1993年	元マサチューセッツ工科大学教授のマイケル・ハマーと経営コンサルタントのジェイムス・チャンピー『リエンジニアリング革命』刊行。	仮定破壊（→126ページ）
1994年	フレッドマン、チクセントミハイ、ガードナー、『Changing the world: A framework for the study of creativity』発表。1980年代の創造性研究の第二波を主導したモチベーターたちによる論文集。	〈創造性研究の基本書〉
1998年	ラリー・ペイジとセルゲイ・ブリン、Google社を創立。	夢見（→304ページ）
2003年	東ハト、暴君ハバネロ発売。	オズボーン・チェックリスト（→163ページ）
2004年	ジェンドリンとメアリー・ヘンドリクス、Thinking At the Edgeの14のステップをまとめる。	TAEのマイセンテンスシート（→30ページ）
2006年	パナソニック、陶器製でない便器（有機ガラス系素材）アラウーノ発売。	オズボーン・チェックリスト（→163ページ）
2006年	140文字以内の短文の投稿を共有するウェブ上の情報サービスTwitter、サービス開始。	オズボーン・チェックリスト（→163ページ）
2010年	カウフマン、スタンバーグ『The Cambridge handbook of creativity』刊行。創造性研究の成果をまとめたハンドブックの最新のもの。	〈創造性研究の基本書〉
2015年	ハイアールアジア株式会社、ハンディ洗濯機COTON発売。	オズボーン・チェックリスト（→163ページ）

索 引

《人物関連》

あ

アルベルト・アインシュタイン......75, 241
赤池学......232
ジャック・アダマール......300
ジェイムズ・アダムス......16
ジョン・アダムズ......212
ルイ・アラゴン......188
アリストテレス......105, 115, 159
アルテミドロス......304
ジャン・アルプ......188
アレクサンドロス......310
マイロン・アレン......209
市川亀久彌......248
ジャンバッティスタ・ヴィーコ......4, 88
ノーバート・ウィーナー......236
ルートヴィヒ・ウィトゲンシュタイン......29
トーマス・B・ウォード......302
グラハム・ウォーラス......300
ホレス・ウォルポール......69
内田樹......35
江川玟成......217
江坂遊......98
トーマス・エジソン......36
マックス・エルンスト......181
大野耐一......102
チャールズ・ケイ・オグデン......179
アレックス・F・オズボーン......163
小津安二郎......145

か

ハロルド・ガーフィンケル......131
ロジェ・カイヨワ......269
ユリウス・カエサル......310
カリクレス......159
ガリレオ・ガリレイ......51
マルクス・トゥッリウス・キケロ......310
ジョセフ・ラドヤード・キップリング......109
木下謙次郎......265
ウィリス・キャリア......249
ジョルジョ・デ・キリコ......184
ジョイ・ギルフォード......81

ヨハネス・グーテンベルク......170
キャメロン・クロウ......142
ロバート・クロフォード......199
アウグスト・ケクレ......306
チャールズ・ケプナー......77, 121
孔子......146
ウィリアム・ゴードン......238
アン・ワイザー・コーネル......22
ナタリー・ゴールドバーグ......42
エリヤフ・ゴールドラット......224
小林一茶......91
ゴルギアス......159

さ

佐藤郁哉......89
ジャン＝ポール・サルトル......188
澤泉重一......64
メアリー・シェリー......308
トーマス・シェリング......55
ユージン・ジェンドリン......22, 30
クリストファー・レイサム・ショールズ......170
マーク・ジョンソン......180
フリードリヒ・シラー......223
白川英樹......68
沈括......318
ジョナサン・スウィフト......20
スウェーデンボルグ......271
ソール・スタインバーグ......143
キルトン・スチュアート......311
ジャック・E・スティール......232
ラザロ・スパランツァーニ......235
パーシー・スペンサー......68
アダム・スミス......133
フレッド・スミス......97
ディヴィッド・セルビー......83
ソクラテス......159
フェルディナンド・ド・ソシュール......283

た

レオナルド・ダ・ヴィンチ......39, 233
高橋浩......253
田坂広志......217
田中耕一......68
ダニエル......310

サルバドール・ダリ......185
ジュゼッペ・タルティーニ......307
ミハイ・チクセントミハイ......81
チャールズ・チャップリン......145
ジェイムズ・チャンピー......126
アラン・チューリング......211
トリスタン・ツァラ......188
フリッツ・ツビッキー......205
ウォルト・ディズニー......148
フィリップ・キンドレッド・ディック......96
ロバート・ディルツ......148
ルネ・デカルト......5
手塚治虫......108
H・ウイリアム・デトマー......224
エドワード・デボノ......48, 116, 153, 192, 279
ジョルジュ・デュメジル......270
エミール・デュルケム......131
得丸さと子......30
G・ウィリアム・ドムホフ......311
ベンジャミン・トリゴー......77, 121
フランソワ・トリュフォー......145
ルードヴィヒ・フォン・ドレイク......152
チャールズ・トンプソン......135

な

中山正和......253
フリードリヒ・ニーチェ......159
ネブカドネザル......310

は

ハーフェズ......53
エリック・バーン......154
グラハム・パイク......83
エリアス・ハウ......309
ジョルジュ・バタイユ......270
ヴィクター・パパネック......235
マイケル・ハマー......126
林望......265
ジェイムズ・ヒギンズ......58, 292
メアリー・ピックフォード......145
畢昇......170
ジョルジュ＝ルイ・ルクレール・ド・ビュフォン......173
平賀源内......264

リチャード・P・ファインマン 241	ホメロス 53, 310	ジェームス・W.ヤング 250
マイケル・ファラデー 241	ジョージ・ポリア 20	横井軍平 166
ヨハン・ゴットリープ・フィヒテ ... 223		
ロナルド・フィンケ 71	**ま**	**ら**
ルートヴィヒ・フォイエルバッハ ... 171	ロバート・マートン 69	アーネスト・ラザフォード 241
ラザルス・フックス 298	ロバート・マカフリー 312	マリー=ジョゼフ・ラファイエット 212
エドムント・フッサール 29	ルネ・マグリット 184	シュリニヴァーサ・ラマヌジャン ...307
プラトン 158	マーシャル・マクルーハン 168	ベルナール・ラミ 114
フランケンシュタイン 308	サビーヌ・マコーマック 263	ジャン=ルイ・ド・ランビュール 42
レヴィ・ブリュル 311	正岡子規 91	李商隠 293
プルタルコス 310	松尾芭蕉 91	ピエール・ルヴェルディ 191
アンドレ・ブルトン 181	ポール・マッカトニー 309	エルンスト・ルビッチ 143
マーク・イザムバード・ブルネル ... 233	アンドレ・マッソン 191	ジョージ・レイコフ 180
ジェームズ・フレーザー 311	マイケル・マハルコ 156, 192	クロード・レヴィ＝ストロース 47
アレクサンダー・フレミング 66	丸山眞男 293	エマニュエル・レヴィナス ... 35, 285
ジグムント・フロイト .154, 188, 240, 271, 311	三浦公亮 234	ジャック・レモン 145
ラリー・ペイジ 310	明恵 311	ヴィルヘルム・レントゲン 67
ゲオルク・ヴィルヘルム・フリードリヒ・ヘーゲル 217	村瀬孝雄 34	ロートレアモン伯爵 191
オードリー・ヘップバーン 145	メンデレーエフ 307	ペーター・マーク・ロジェ 282
フランチェスコ・ペトラルカ 162	メアリー・ヘンドリクス 30	
グラハム・ベル 242	孟子 145	**わ**
ヘルマン・フォン・ヘルムホルツ ...298	サミュエル・モールス 211	カール・E・ワイク 48, 54
ジュール=アンリ・ポアンカレ ... 296	ミシェル・ド・モンテーニュ 162	ビリー・ワイルダー 142
ハワード・ホークス 145	マリリン・モンロー 145	渡辺慧 251
アラン・ホブソン 312		
	や	
	ロマーン・ヤーコブソン 263	

《事物関連》

	アンサンブラージュ 183	カイゼン 102
ABC	暗黙のルール 127, 131	海底ケーブル 40
5W1H 65, 109	意思決定 54	仮定破壊 126
BPR 128	一物一価 220	概念メタファー 180
NM法T型 253	因果関係 86, 123, 266	カイヨワの〈対角線の科学〉 269
P.K.ディックの質問 96	インキュベーション 89, 292, 296	活性化 302
QCサークル 133	ヴァーチャル賢人会議 156	活版印刷 170
QWERTY配列 170	エクスカーション 58	枯れた技術の水平思考 166
TAE（Thinking at the Edge） 34	エジソン・ノート 36	関係アルゴリズム 174
X線 68	オートマティズム 312	感染呪術 266
	モールスのライバル学習 211	かんばん方式 104
あ	オズボーン・チェックリスト 163	記憶の固執 184
赤毛の猟犬 292		記号論 268
アナロジー 232, 238, 248, 253, 263, 269	**か**	疑似科学 264
アルス・コンビナトリア 192	回帰の誤謬 124	擬人化 239
	解釈学 288	キプリング・メソッド 109

索引　　334

空間と時間のグリッド 83	スペースコロニー 208	否定の否定 219, 220
グローバル教育 86	制御工学 236	非ユークリッド幾何学 299
形態分析法 205	精神分析 154, 247, 270, 312	フィッシュボーン・ダイアグラム 108
ケプナー・トリゴーの状況把握 ... 77	セレンディピティ 70	フィルモグラフィー 161
ケプナー・トリゴーの問題分析 ... 121	セレンディピティ・カード 64	フィンケの曖昧な部品 71
ケプナー・トリゴー法 329	全体最適 230	フェルトセンス 34
ゲマラ 285	属性列挙法 199	フォーカシング 22
言語学 268	ダークマター 208	不確実性 55
検索エンジン 310		深さ優先探索 257
原子模型 241, 307	**た**	フリーライダー 132
現象学 29, 290	対角線の科学 269	ブレインストーミング 46, 76, 172
源内の呪術的コピーライティング ... 263	対立解消図 224	弁証法的発想法 217
口伝律法 285	対話篇 158	弁論術 114
交流分析 154	獺祭 293	ポアンカレのインキュベーション ... 296
ゴードンの4つの類比 238	タルムード 290	ボーアの原子模型 307
言葉遊び 246	タルムードの弁証法 285	ホモロジー 277
コラージュ 047, 183, 190	抽象表現主義 191	
コンセプト・ファン 116	超現実主義 188	**ま**
	超自我 154	マイセンテンスシート 30
さ	通信工学 236	マインドマップ 257
最適化 107	ディズニーの3つの部屋 148	マグネトロン 68
サイバネティクス 237	提喩 262	末梢神経 171
さくらんぼ分割法 192	デペイズマン 181	ミウラ折り 234
自己欺瞞 247	電子工学 237	ミシュナ 285
自己検閲 45	等価変換 250	みにくいアヒルの子の定理 251
自然現象 235, 256, 272	等価変換法 248	メトニミー 262
自然淘汰 52, 274	トーラー 288	面ファスナー 61
シソーラス・パラフレーズ 279	特性要因図 108	モーフォライザー 209
シックス・ハット法 153	トポス 6, 114, 162	問題逆転 135
自動書記 188	土用の丑の日 264	問題分析 121
周期表 307	トヨタ生産方式 107	
宗教改革 170	ドリームキャッチャー 311	**や**
呪術師 267		唯物論 171
受胎告知 310	**な**	優美な屍骸 183
シュルレアリスト 188	なぜなぜ分析 102	ユダヤ教 288
シュルレアリスム 188	ネットオークション 220	夢見 304
蒸発する雲 230	ノンストップ・ライティング 42	
情報科学 237		**ら**
ショートショート 98	**は**	ラビ 287
事例-コード・マトリクス 89	バイオニクス法 232	ランダム刺激 48
人工知能 237	博物誌 173	律法 288
神秘主義 302	バグリスト 16	竜山文化 54
新約聖書 310	バリューエンジニアリング 204	類感呪術 266
心理療法 28	ビジネスプロセス・リエンジニアリング 133	類語辞典 280
神話学 273	必要条件 225	
水平思考 120, 166		

読書猿

正体不明、博覧強記の読書家。メルマガやブログなどで、ギリシャ哲学から集合論、現代文学からアマチュア科学者教則本、日の当たらない古典から目も当てられない新刊まで紹介している。人を食ったようなペンネームだが、「読書家、読書人を名乗る方々に遠く及ばない浅学の身」ゆえのネーミングとのこと。知性と謙虚さを兼ね備えた在野の賢人。

読書猿 Classic: between / beyond readers
http://readingmonkey.blog45.fc2.com/

アイデア大全

2017年2月1日　初版発行
2018年7月18日　9刷発行

著　者　　読書猿
発行者　　太田　宏
発行所　　フォレスト出版株式会社
　　　　　〒162-0824　東京都新宿区揚町2-18　白宝ビル5F
　　　　　電話　03-5229-5750（営業）
　　　　　　　　03-5229-5757（編集）
　　　URL　http://www.forestpub.co.jp
印刷・製本　中央精版印刷株式会社

©Reading Monkey 2017
ISBN978-4-89451-745-5　Printed in Japan
乱丁・落丁本はお取り替えいたします。